# Alles was ich wissen will

# Alles
# was ich wissen will

Säugetiere
Katzen
Hunde
Kleintiere
Vögel
Insekten
Schmetterlinge
Fische
Bäume
Blumen

Otto Maier Ravensburg

5                    95  96  97

Titel der Originalausgaben:
The First Book of Animal Life
The Usborne First Book of Pets and Petcare
The Usborne First Book of Nature
Umschlaggestaltung: Ekkehard Drechsel unter Verwendung von
Illustrationen der Originalausgaben

© 1980, 1982 by Usborne Publishing Ltd., London
© 1993 by Ravensburger Buchverlag Otto Maier GmbH
Alle Rechte der deutschen Bearbeitung liegen beim
Ravensburger Buchverlag Otto Maier GmbH.
Printed in Italy
ISBN 3-473-35485-6

# Inhalt

# Säugetiere

In der Nähe des Leoparden
hat sich eine Waldmaus versteckt. Findest du die übrigen
15 Waldmäuse, die auf den
folgenden 22 Seiten versteckt
sind?

# Was sind eigentlich Säugetiere?

Säugetiere sind die einzigen Tiere, die ein Fell oder Haare haben. Nur Säugetiermütter erzeugen Milch und säugen damit ihre Jungen. Auch Menschen gehören zu den Säugetieren.

Eine Damhirschkuh säugt ihr Kitz.

Alle Säugetiere atmen Luft, auch wenn sie im Wasser leben.

Säugetiere haben ein großes Gehirn.

Säugetiere halten ihr Körperinneres immer gleich warm, egal ob es draußen heiß oder kalt ist.

Alle Säugetiere tragen ein Fell oder wenigstens Haare am Körper.

Der Moschusochse hat ein dichtes Fell, das ihn warm hält.

Das Stachelschwein hat Haare, die zu Stacheln umgewandelt sind.

Der Elefant hat nur wenige Haare.

Viele Säugetiere haben in ihrem Fell zweierlei Haare. Der Biber hat unter seinen langen, borstigen Haaren eine dicke Lage aus kurzen, weichen Haaren. Im Wasser werden nur die borstigen Haare naß.

Zweihöckeriges Kamel
(Trampeltier)

Manche Säugetiere, zum Beispiel Kamele, bekommen zweimal im Jahr ein neues Fell. Dieses Kamel verliert gerade sein dickes Winterfell. Die Haare fallen in großen Fetzen aus. Darunter wächst das dünnere Sommerfell.

**Winterfell**

**Sommerfell**

3

# Wie Säugetiere sich fortbewegen

Die meisten Säugetiere gehen auf vier Beinen.

**Ferse**
Pandas gehen auf der ganzen Fußsohle.

**Ferse**
Füchse gehen auf den Zehen.

**Ferse**
Hirsche gehen auf den Zehenspitzen.

**Die Hinterbeine werden beim Laufen vor die Vorderbeine gesetzt.**

**Der Fischotter steuert mit dem Schwanz.**

Schneehasen haben lange und breite Füße, die wie Schneeschuhe aussehen. Ein Fell auf der Unterseite der Füße verhindert, daß sie zu tief in den Schnee einsinken.

Fischotter haben Schwimmhäute zwischen den Zehen. Damit können sie wie mit Flossen durchs Wasser rudern.

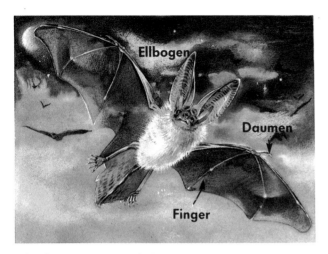

Fledermäuse sind die einzigen Säugetiere, die fliegen können. Sie gebrauchen ihre Arme als Flügel. Die Flügelfläche besteht aus Haut, die zwischen den Arm- und Fingerknochen ausgespannt ist.

Känguruhratten können mit ihren langen Hinterbeinen gewaltige Sprünge machen. Ihr Schwanz hält sie dabei im Gleichgewicht.

Klammeraffen benützen ihren kräftigen Schwanz als zusätzlichen Arm. Sie schlingen die Schwanzspitze um einen Ast und schwingen dann durch die Baumkronen.

# Wie Säugetiere sich ernähren

Viele Säugetiere ernähren sich hauptsächlich von Pflanzen. Sie haben viele Mahlzähne, weil Pflanzen schwer zu kauen sind.

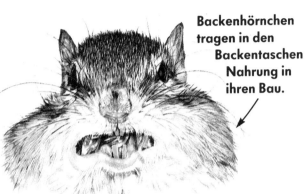

Backenhörnchen tragen in den Backentaschen Nahrung in ihren Bau.

Unter der Oberlippe befindet sich eine Hornplatte.

Die Nagezähne von Backenhörnchen wachsen ständig nach. Dennoch werden sie nie zu lang, weil sie sich beim Nagen abnützen.

Dickhornschafe haben im Oberkiefer keine Schneidezähne, sondern nur eine Hornplatte. Damit reißen sie frische Pflanzentriebe ab.

Mit ihrer langen Zunge zupft die Giraffe Blätter von den Zweigen.

Zebra

Dikdik

Elenantilope

Giraffe

In den afrikanischen Grassteppen finden viele verschiedene Säugetiere nebeneinander Nahrung. Sie ernähren sich nämlich alle von verschiedenartigen Pflanzen, die in unterschiedlicher Höhe wachsen. Wenn du das Bild oben genau betrachtest, kannst du das erkennen.

**Früchte**

**Tote Wühlmaus**

Mit langen, fein-
fühligen Fingern
sucht und
befühlt der
Waschbär seine
Nahrung.

**Fisch**

Koalas ernähren sich nur von Blättern ganz bestimmter Eukalyptusbäume. Die Tiere sterben, wenn sie nicht die richtigen Bäume finden.

Waschbären finden fast überall genügend zu fressen. Sie ernähren sich von Pflanzen und Früchten, von lebend erbeuteten und toten Tieren.

Der Gepard packt
und tötet Beute-
tiere mit seinen
spitzen Eckzähnen.

*Gepard*

*Gazelle*

Mit den messer-
scharfen Reiß-
zähnen zerkleinert
er das Fleisch.

Manche Säugetiere ernähren sich vor allem von anderen Tieren. Sie verbrauchen viel Energie, wenn sie ihre Beute fangen. Ein Gepard muß sich oft erst eine Zeitlang erholen, bevor er das erbeutete Tier fressen kann. Aber Fleisch ist sehr nahrhaft, so daß er nicht jeden Tag Nahrung braucht.

# Säugetiere bei Nacht

Über die Hälfte aller Säugetiere sind Nachttiere.

Weite Pupillen lassen viel Licht herein.

Mit den Haftballen an den Zehen klammert er sich fest.

Potto

Viele Säugetiere haben auf dem Augenhintergrund eine Schicht, die das Licht zurückwirft. Damit können sie bei Nacht besser sehen. Deswegen leuchten auch ihre Augen, wenn sie angestrahlt werden.

Der Koboldmaki hat riesige Augen und große Ohren. Damit kann er bei Nacht gut sehen und hören. Er turnt durch die Baumkronen und fängt Insekten und Kleintiere.

Der Dachs gebraucht seinen scharfen Geruchssinn und sein gutes Gehör, wenn er bei Nacht Nahrung sucht. Mit seiner empfindlichen Schnauze erschnüffelt er sie.

Flughaut

Die meisten Fledermäuse ernähren sich von Nachtinsekten. Diese Große Hufeisennase fängt Fliegen, Käfer und Nachtschmetterlinge. Mit nadelspitzen Zähnen zerkleinert sie ihre Beute.

Gleitbeutler fressen nachts Blüten und Insekten. Sie breiten die Flughaut zu beiden Seiten ihres Körpers aus und gleiten lautlos von einem Baum zum anderen.

Der Rotfuchs jagt bei Nacht. Wenn er im Gras eine Maus hört und riecht, macht er einen Luftsprung. Zielsicher landet er mit seinen Vorderpfoten auf der Maus.

9

# Wie Säugetiere sich schützen

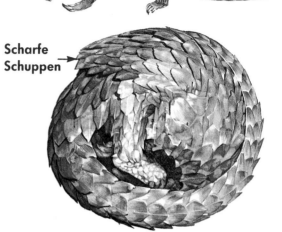

Scharfe Schuppen

Eichhörnchen und Grauhörnchen flüchten vor ihren Feinden auf die Bäume. Weil sie klein und leicht sind, können sie auch auf dünnen Zweigen laufen. Dorthin können ihnen die meisten Feinde nicht folgen.

Schuppentiere sehen aus, als hätten sie eine gepanzerte Ritterrüstung an. Wenn sich das Schuppentier zu einer Kugel zusammenrollt, bietet es seinen Feinden keine Angriffsmöglichkeit.

**1** Dieser Ameisenigel trägt spitze Stacheln auf seinem Rücken. Bei Gefahr gräbt er sich in den Boden ein.

**2** Mit seinen kräftigen Klauen kann er sich in etwa einer Minute eingraben.

**3** Seine Feinde versuchen nicht, den Ameisenigel auszugraben. Sie würden sich an den Stacheln verletzen.

Das Stinktier hält seinen Schwanz hoch, um auszudrücken: „Geh weg, sonst bespritze ich dich mit stinkender Flüssigkeit!"

Schneehase im Sommer...

...und im Winter

Stinktiere spritzen aus einer Drüse unter dem Schwanz eine übelriechende Flüssigkeit gegen ihre Feinde. Das schreckt die meisten Angreifer ab.

Der Schneehase lebt in Gegenden, wo es im Winter viel Schnee gibt. Er hat ein weißes Winterfell und ein braunes Sommerfell. Dadurch kann er sich vor seinen Feinden, zum Beispiel Füchsen, besser verbergen.

Viele Säugetiere, die im Wald oder im Dschungel leben, haben eine Streifen- oder Fleckenzeichnung auf ihrem Fell. Dadurch sind sie an die Farben und Muster der Bäume und Büsche angepaßt. Ihre Feinde sehen sie dann nicht so leicht. Auf dem Bild haben sich acht Tiere im afrikanischen Urwald versteckt. Findest du sie alle?

# Wo Säugetiere wohnen

Säugetiere bauen sich ein „Heim", in dem sie es warm und trocken haben und vor Feinden geschützt sind.

Kaninchen graben einen Bau mit vielen Gängen in die Erde. In diesen Bau flüchten sie vor ihren Feinden.

Eine weibliche Zwergmaus baut ein Heim für ihre Jungen. Sie reißt dazu Grasblätter in Streifen und flicht daraus ein rundes Nest. Darin ist es trocken und warm.

**Die Jungen werden mitten im Winter geboren.**

Eine Eisbärin gräbt eine Höhle in den Schnee und überwintert darin. Sie kommt erst wieder heraus, wenn es im Frühling wärmer wird.

12

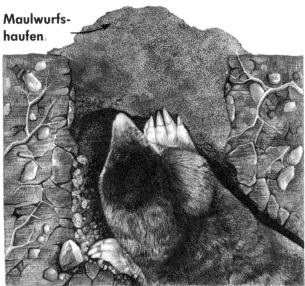

Maulwurfs-
haufen.

Schimpansen bauen sich nur ein Nest zum Schlafen, weit oben in der Baumkrone. Sie biegen Zweige zusammen und machen sich daraus ein Kissen.

Der Maulwurf verbringt den größten Teil seines Lebens in seinem Bau. Seine Vorderbeine benützt er als Schaufeln und gräbt damit Gänge in die Erde. In diesen Gängen wohnt er und findet er auch seine Nahrung.

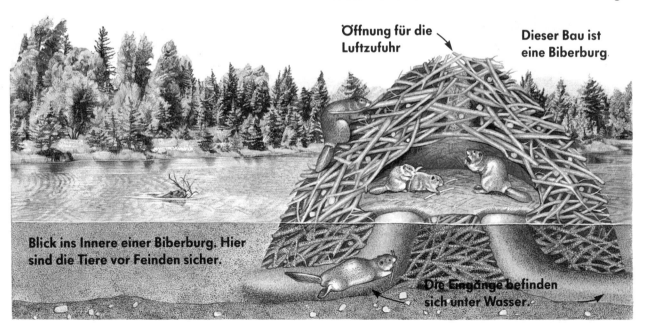

Öffnung für die Luftzufuhr

Dieser Bau ist eine Biberburg.

Blick ins Innere einer Biberburg. Hier sind die Tiere vor Feinden sicher.

Die Eingänge befinden sich unter Wasser.

# Wie Säugetiere Partner finden

Weibchen

Männ-chen

*Sibirische Tiger*

Männchen

Weibchen

Paarungsbereite weibliche Säugetiere sondern oft einen Geruchsstoff ab. Hier schnuppert ein Zwergmausmännchen an einem Weibchen, um festzustellen, ob es zur Paarung bereit ist.

Tiger spielen vor der Paarung miteinander. Diese Tigerin fordert den Tiger auf, sich mit ihr zu paaren. Sie beißt ihn zärtlich und reibt dann ihren Körper an ihm.

Hirschkühe

Nach der Paarungszeit (Brunftzeit) wird das Geweih abgeworfen.

Einmal im Jahr treibt der männliche Rothirsch einige Hirschkühe zu einer Herde zusammen, um sich mit ihnen zu paaren. Er röhrt laut, um anderen Hirschen seine Stärke zu zeigen. Röhrt ein anderer Hirsch ebensooft, tragen die beiden einen Kampf mit den Geweihen aus. Der Sieger darf sich mit den Hirschkühen paaren.

Eine männliche Antilope, wie dieser Wasserbock, muß dem Weibchen vor der Paarung einen Tanz vorführen.

**Männchen**　　　　**Weibchen**　　　　　　**Männchen**　　　　**Weibchen**

**1**　Der männliche Wasserbock hält seinen Kopf erhoben, um seinen weißen Kehlfleck zu zeigen. Er streckt auch die Vorderbeine aus, um die schwarzen Streifen vorzuweisen.

**2**　Dann streckt er sein Vorderbein fast waagerecht nach vorn. Dabei stößt er die weibliche Antilope zärtlich in die Seite. Wenn sie stehenbleibt, ist sie bereit, sich mit ihm zu paaren.

Bei den Rotfüchsen tanzen Männchen und Weibchen miteinander, ehe sie sich paaren. Sie stehen auf den Hinterbeinen und halten sich an den Vorderbeinen. Dabei bringen sie mit offenem Maul schnatternde Töne hervor.

15

# Wie die Jungen zur Welt kommen

Nachdem sich ein weibliches Säugetier mit einem männlichen gepaart hat, wächst in seinem Körper ein Junges heran. Die meisten jungen Säugetiere bleiben so lange im Körper der Mutter, bis alle Teile ihres Körpers ausgebildet sind. Erst dann sind die Jungen geburtsreif.

Ein junges Zebra kann nach der Geburt schon sehen, hören und riechen. Sein ganzer Körper ist mit Fell bedeckt. Etwa eine Stunde nach der Geburt kann es auch schon laufen. Es bleibt aber noch ganz nah bei seiner Mutter. Sie schützt es vor Feinden.

Fruchthülle

Neugeborene Haselmäuse sind noch ganz hilflos: Sie sind blind, taub und nackt. Sie kommen in einem Nest zur Welt; dort liegen sie warm und sind vor Feinden geschützt.

Einige Säugetiere werden in einem sehr wenig entwickelten Zustand geboren. Die meisten von ihnen vollenden ihre Entwicklung in einem Beutel am Körper des Muttertiers.

**Beutel**

**So sieht die Geburts-öffnung vergrößert aus. Das Junge kriecht nach oben.**

Unmittelbar nach seiner Geburt muß ein Känguruh-Junges von der Geburtsöffnung in den Beutel seiner Mutter kriechen. Das dauert etwa drei Minuten. Das Neugeborene ist so klein, daß es in einen Teelöffel passen würde.

### Blick ins Innere des Beutels

Das Junge hält sich an einer Zitze fest und saugt Milch von seiner Mutter. Es bleibt sechs Monate lang im Beutel. Erst dann ist es vollständig entwickelt.

Das Schnabeltier und der Ameisenigel sind ganz ungewöhnliche Säugetiere: Sie legen Eier. Das Junge entwickelt sich im Ei.

**Das Schnabeltier legt seine Eier in ein Nest aus Gras und Blättern. Die Eier haben eine weiche Schale.**

**Das Nest befindet sich am Ende einer langen Höhle im Flußufer.**

# Wie die Jungen aufwachsen

Rotgesichts-
makak

Das Junge
bleibt zwei
bis drei Jahre
bei seiner
Mutter.

Virginia-
Hirschkuh
mit Kitz

Die meisten Säugetiermütter verwenden viel Zeit, um die Jungen abzulecken. Das hält sie sauber und gesund. Außerdem verstärkt es die Bindung zwischen Mutter und Kind.

Säugetiere saugen Milch aus den Milchdrüsen der Mutter. Die Milchdrüsen bilden Milch, sobald das Junge geboren ist. Die Milch enthält alle Nährstoffe, die das Junge braucht.

Eine Tigerin trägt ihre Jungen mit den Zähnen an einen sicheren Platz. Das tut den Jungen nicht weh: Sie halten ganz still, und die Mutter packt sie sehr vorsichtig.

*Afrikanischer Elefant*

Schneeziegen spielen gern mit ihrer Mutter und mit anderen Jungen. Dabei lernen sie, ihr Gleichgewicht zu halten und an steilen Berghängen zu klettern.

Diese Elefantenmutter beschützt ihr Kalb vor einem Feind. Der junge Elefant ist noch zu schwach, um sich selbst zu verteidigen. Er bleibt deshalb nah bei seiner Mutter.

Junge Feld- und Gartenspitzmäuse folgen ihrer Mutter, sobald sie etwa eine Woche alt sind. Dazu beißt sich jedes Tier am Hinterteil des vorausgehenden Tiers fest. So geht keines der Jungen verloren.

# Säugetiere, die in Gruppen leben

Löwen leben in Rudeln. Die Löwinnen gehen meistens auf die Jagd. Außerdem füttern und pflegen sie die Jungen. Die männlichen Löwen sichern für das Rudel ein ausreichend großes Jagdrevier.

Die Löwinnen gehen in Gruppen auf die Jagd. So können sie große Tiere leichter überwältigen.

Erwachsene Löwenmännchen haben eine starke Mähne. Im Kampf schützt sie Kopf und Nacken.

Die jungen Löwenmännchen verlassen mit etwa drei Jahren das Rudel.

Die Jungen spielen viel und gern. Sie lernen dabei kämpfen und jagen.

Eine Löwin bleibt meist lebenslang im Rudel. Sie säugt jedes hungrige Jungtier des Rudels.

Schimpansen leben in Horden. Die Männchen verteidigen die Horde gegen Feinde. Sie sind oft mit anderen Männchen unterwegs und nehmen auch die Nahrung gemeinsam zu sich. Die Weibchen versorgen die Jungen.

Schimpansen teilen ihre Nahrung oft miteinander. Durch Anstarren zeigt ein Tier, daß es etwas haben möchte.

In jeder Horde gibt es einen Anführer. Oft tobt er mit viel Lärm herum. Damit zeigt er den anderen, daß er das Oberhaupt ist.

Dieser Schimpanse duckt sich vor einem ranghöheren. Er möchte damit beschwichtigend sagen: „Ich will dich nicht angreifen."

Schimpansen können mit einem Grashalm Termiten aus ihrem Nest herausstochern. Junge Tiere lernen es von den Eltern.

Schimpansen verwenden eine Menge Zeit, um sich gegenseitig das Fell zu pflegen. Dadurch bleiben sie sauber und gesund. Die Fellpflege ist auch Ausdruck der Freundschaft.

# Säugetiere, die im Meer leben

Delphine, Wale und Seekühe sind die einzigen Säugetiere, die ihr ganzes Leben im Meer verbringen. Sie haben kaum Haare und keine Hinterbeine.

**Ein Delphin kommt an die Wasseroberfläche, um durch seine Atemöffnung Luft zu holen.**

Delphine haben lauter gleichartige Zähne. Damit können sie gut Fische festhalten.

Der Delphin hat eine ideale Körperform, um sich im Wasser schnell fortzubewegen. Mit seinem kräftigen Schwanz schlägt er auf und ab und treibt sich dadurch vorwärts. Zum Steuern benutzt er seine Brustflossen und die Rückenflosse.

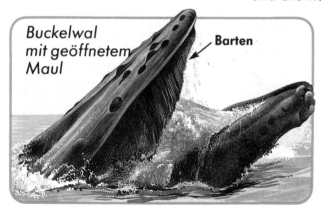

*Buckelwal mit geöffnetem Maul*

Barten

Manche Wale haben keine Zähne. Statt dessen haben sie Reihen von Hornplatten, die Barten, die am Ende zu Borsten ausgefranst sind. Damit filtern sie winzige Tiere aus dem Meerwasser.

*Manatis (Seekühe)*

Junge Manatis werden im Wasser geboren und können sofort schwimmen. Sie saugen bei der Mutter Milch aus einer Zitze nahe der Vorderflosse.

Robben, Seelöwen und Walrosse verbringen nur einen Teil ihres Lebens im Meer. Sie haben flossenähnliche Hinterbeine und meistens ein kurzhaariges Fell.

Lange Zehen mit Schwimm-
häuten dazwischen

Schwanz

Seelöwen haben einen geschmeidigen, schlanken Körper. Sie können dadurch unter Wasser gut schwimmen. Mit den Vorderflossen rudern sie vorwärts, mit den Hinterflossen steuern sie. Ihr Schwanz ist nur kurz.

Das Walroß benutzt seine langen Zähne, um Muscheln am Meeresboden auszugraben und loszureißen. Es gebraucht die Zähne auch als Waffe.

Durch die fettreiche Muttermilch wachsen die Jungen rasch heran.

Beim Haarwechsel schält sich mit dem alten Fell eine ganze Hautschicht ab.

Robben, Seelöwen und Walrosse kommen jedes Jahr an Land, um sich zu paaren, Junge zu gebären und um ein neues Fell zu bekommen.

Hier kämpfen gerade männliche See-Elefanten um ein Revier am Strand. Sie paaren sich mit allen Weibchen in ihrem Revier.

# Bilderrätsel

Das Kaninchen möchte in seinen Bau am anderen Ende des Irr-
gartens. Kannst du ihm den richtigen Weg dorthin zeigen?
Er führt auch durch das Fleckenmuster der Giraffe. Kennst du
alle Säugetiere im Irrgarten mit Namen?

START

BAU

24

# Katzen

## und ihre Jungen

### Daumenkino: So läuft die Katze

Halte die Seiten 27 bis 48 so, wie es hier gezeigt ist.

Blättere die Seiten schnell durch und achte dabei auf die rechte obere Ecke.

Hier oben siehst du, wie die Katze läuft.

# Was man über Katzen wissen sollte

Wenn du eine Katze in der Wohnung halten möchtest, mußt du einige wichtige Dinge beachten. Sind die anderen Hausbewohner mit deinem Plan einverstanden?

Eine Katze kann 15 Jahre alt werden. Du mußt dich jeden Tag um sie kümmern, und du darfst sie nicht einfach aussetzen, wenn du sie nicht mehr magst.

Wenn du länger als einen Tag weg bist, mußt du dir jemanden suchen, der deine Katze versorgt.

Katzen brauchen Gesellschaft und lassen sich gern streicheln. Sie schnurren, wenn sie sich wohlfühlen, und sind sehr anschmiegsam, wenn man sich um sie kümmer

Bedenke: Futter, Katzenstreu und Besuche beim Tierarzt kosten Geld!

*Aber manchmo will deine Katze auch ihre Ruhe habe*

Es ist spannend, Katzen zu beobachten. Sie bewegen sich sehr anmutig. Du brauchst sie nicht spazierenzuführen, sie streifen gern allein herum. Deshalb ist es für sie auch gefährlich, wenn du an einer verkehrsreichen Straße oder Eisenbahnlinie wohnst. Weißt du, warum?

Katzen sind mit Löwen und Tigern verwandt und jagen wie diese gern im Freien.

## Wenn du noch andere Tiere hast

Halte Fische oder andere kleine Haustiere außer Reichweite deiner Katze: Manche kleineren Tiere sterben vor Angst.

Wenn Hund und Katze aneinander gewöhnt sind, leben sie friedlich nebeneinander und können sogar Freunde werden.

27

# Wenn du eine Katze möchtest

Am besten suchst du dir ein junges Kätzchen aus, das noch bei seiner Mutter ist. Du findest es über Anzeigen, Freunde, den Tierarzt oder das Tierheim. Nimm keine Katze von der Straße mit, sie ist vielleicht irgendwo zu Hause.

*Langhaarige Katzen müssen oft gekämmt werden!*

Rassekatzen werden wegen ihres Aussehens gezüchtet. Sie sind teuer und brauchen viel Pflege und Zuwendung.

Ist das Kätzchen 8 Wochen alt, kannst du es mit nach Hause nehmen. Katzen wachsen schnell. In den ersten Wochen kannst du das Alter danach schätzen, wie sie sich verhalten:

1. Wenige Stunden alte Kätzchen können weder sehen noch laufen.

2. Nach 8 bis 10 Tagen öffnen sie die Augen und lernen laufen.

3. Nach 4 Wochen klettern sie aus ihrem „Nest" heraus.

4. Mit 5 bis 6 Wochen werden sie unternehmungslustig und spielen mit allem, was sie finden.

5. Nach 8 Wochen brauchen sie keine Muttermilch mehr, sondern nehmen feste Nahrung zu sich.

## Wie man sich ein Kätzchen aussucht

Willst du dir ein Kätzchen aus einem ganzen Wurf aussuchen, beobachte zuerst alle Jungen möglichst lange. Nimm das Kätzchen, das die klarsten Augen hat, gut laufen kann, sauber, neugierig und verspielt ist. Auch die Mutter sollte gesund sein.

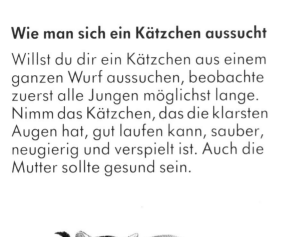

Kätzchen sind sehr verschieden. Einige sind kräftig und lebhaft.

Manche sind ängstlich und lernen langsam.

Andere sind neugierig und bringen sich oft in Schwierigkeiten.

29

# Was eine Katze alles braucht

Bevor du dein Kätzchen nach Hause holst, mußt du sieben Dinge vorbereiten. Du findest sie auf diesen beiden Seiten.

1. Zum Abholen brauchst du einen verschließbaren Korb oder einen Karton mit Deckel.

2. Zum Füttern brauchst du drei Schüsseln: je eine für feste Nahrung, für Milch und Wasser.

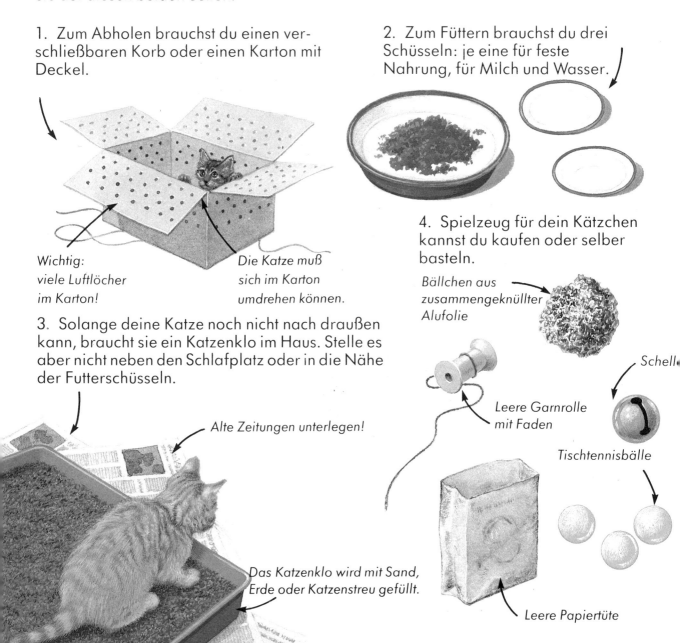

*Wichtig:*
*viele Luftlöcher*
*im Karton!*

*Die Katze muß*
*sich im Karton*
*umdrehen können.*

4. Spielzeug für dein Kätzchen kannst du kaufen oder selber basteln.

*Bällchen aus*
*zusammengeknüllter*
*Alufolie*

3. Solange deine Katze noch nicht nach draußen kann, braucht sie ein Katzenklo im Haus. Stelle es aber nicht neben den Schlafplatz oder in die Nähe der Futterschüsseln.

*Schell*

*Alte Zeitungen unterlegen!*

*Leere Garnrolle*
*mit Faden*

*Tischtennisbälle*

*Das Katzenklo wird mit Sand,*
*Erde oder Katzenstreu gefüllt.*

*Leere Papiertüte*

5. Zum Kämmen brauchst du eine Bürste und einen Metallkamm. Wenn du das junge Kätzchen von Anfang an kämmst, gewöhnt es sich bald daran.

*Decke*

*Junge Kätzchen brauchen eine niedrige Schwelle!*

*Alte Zeitungen*

*Holzpfosten, mit Sackleinen bespannt.*

*Der Schlafplatz sollte etwas erhöht liegen – deine Katze möchte es warm haben und vor Zugluft geschützt sein.*

6. Richte den Schlafplatz für deine Katze in einer warmen, ruhigen Ecke ein. Nimm dazu einen Korb oder einen Karton und lege eine Decke hinein.

*Der Pfosten wird auf ein Holzbrett genagelt.*

Gewöhne das junge Kätzchen gleich an einen Kratzpfosten. Nimm seine Pfote und kratze damit vorsichtig am Pfosten.

7. Eine Katze muß ihre Krallen schärfen. Sie tut das auch an euren Möbeln, wenn sie nichts anderes findet. Gib ihr deshalb ein Stück weiches Holz oder baue einen Kratzpfosten (siehe das Bild oben). Du kannst auch ein Kratzbrett kaufen und an die Wand hängen.

Zuerst ist dein Kätzchen vielleicht noch etwas ängstlich. Nach einigen Tagen wird es dann mutiger und neugieriger. Hat es sich etwas eingewöhnt, bring es zum Tierarzt und laß es untersuchen. Der Tierarzt berät dich auch über Impfungen gegen Krankheiten und über Möglichkeiten zur Kastration.

# Was frißt deine Katze?

Katzen fressen nicht alles. Am besten gibst du deiner Katze abwechselnd frische Nahrung und gutes Fertigfutter.

Sobald dein Kätzchen feste Nahrung zu sich nimmt, gibst du ihm vier kleine Mahlzeiten am Tag. Ist es 4 Monate alt, gewöhne es allmählich an drei größere Mahlzeiten täglich. Nach 8 Monaten braucht eine Katze nur noch zwei große Mahlzeiten am Tag.

Junge Katzen brauchen gute, abwechslungsreiche Kost, damit sie sich kräftig und gesund entwickeln. Am einfachsten hast du es mit gutem Dosenfutter. Für frisches Futter kannst du Fleisch, Fisch, Getreideflocken, Graubrot und Milch verwenden. Auch der Tierarzt kann dir Ratschläge zur richtigen Ernährung deiner Katze geben. Nimm aber auf keinen Fall Dosenfutter für Hunde!

Gib deinem Kätzchen zu jeder Mahlzeit Milch – bis es 4 Monate alt ist. Danach bekommt es nur noch ein- bis zweimal täglich Milch. Ausgewachsene Katzen brauchen eigentlich keine Milch, aber manche mögen sie sehr gern. Es gibt auch Katzen, die Milch gar nicht mögen. Alle Katzen brauchen Wasser! Deshalb muß immer eine Schüssel mit frischem Wasser bereitstehen, damit die Katze jederzeit trinken kann.

Katzen wollen täglich zur gleichen Zeit und immer am selben Platz gefüttert werden. Ist die Katze fertig, nimm die Schüssel weg und wasche sie aus.

## Geflügelknochen

*Auch gut ernährte Katzen stehlen Futter!*

Gib deiner Katze nie kleine, scharfe Knochen (z.B. Hühnerknochen) zu fressen – sie kann daran ersticken! Wickle solche Knochen ein und verstaue sie in einem Mülleimer mit schwerem Deckel.

## Zähne

Katzen sind vor allem Fleischfresser. Sie haben lange, scharfe Eckzähne, mit denen sie Fleisch zerreißen können. Ihre Backenzähne benutzen sie, um das Fleisch in kleine Stücke zu zerteilen. Junge Katzen können ihre Nahrung noch nicht selbst zerkleinern.

*Eckzahn*

*Backenzähne*

Auch Trockenfutter ist gut für Katzenzähne, aber vergiß nie die Schüssel mit Wasser!

33

# Wie Katzen schlafen

Katzen schlafen täglich etwa 15 Stunden. Man kann ihnen zwar ein Schlafkörbchen einrichten, aber sie schlafen trotzdem oft, wo sie gerade wollen.

Katzen mögen warme Schlafplätze.

Sie lieben enge Stellen, in die sie sich hineinzwängen können.

Manchmal suchen sie sich die ungewöhnlichsten Orte zum Schlafen aus.

Sie verstecken sich gern zum Schlafen. Bevor du irgendeine Tür schließt, schau immer nach, ob sich nicht die Katze dahinter verkrochen hat.

Katzen haben oft einen leichten Schlaf. Sie nehmen auch beim Schlafen noch Geräusche wahr und wachen schnell auf.

Manchmal machen Katzen Geräusche beim Schlafen. Aber das tun sie nur, wenn sie sich sicher fühlen. Oft rollen sie sich dabei auch zu einer Kugel zusammen. Wenn Katzen träumen, zucken sie und geben Laute von sich.

Nach dem Aufwachen streckt die Katze ihren Körper.

*Zuerst gähnt sie vielleicht.*

*Sie streckt die Vorderbeine.*

*Dann streckt sie die Hinterbeine.*

*Dann macht sie einen Buckel.*

Laß deine Katze nachts nicht draußen! Kälte, Nässe und Straßenverkehr können ihr gefährlich werden.

# Katzenspiele

Junge wie alte Katzen sind neugierig und spielen gern.

*Sie spielen mit dir…*

Katzen spielen mit allem, was sich bewegt. Paß auf, deine Finger sind vielleicht interessanter als das Spielzeug – und Katzen haben scharfe Krallen!

*…oder für sich allein.*

Gib deiner Katze weder sehr kleine Dinge wie Murmeln zum Spielen (die könnte sie verschlucken) noch spitze oder scharfe Gegenstände wie Nadeln und Scheren.

Katzen lernen jagen im Spiel. Sie legen sich auf die Lauer, versuchen ihr Opfer zu erlauschen und schließlich zu fangen. So, wie sie nach Spielsachen haschen, erlegen sie auch ihre Beute.

1. Zuerst beobachten sie das Opfer, manchmal über längere Zeit.

2. Dann schleichen sie sich langsam an, ohne ein Geräusch zu machen.

3. Plötzlich stürzen sie sich auf das Opfer und beißen es tot. Danach spielen sie manchmal noch damit.

Katzen mögen Dinge, die Geräusche machen – zum Beispiel raschelndes Zeitungspapier. Erschrecke die Katze aber nicht durch laute oder plötzliche Geräusche!

Zieh nicht zu fest, wenn die Katze Wolle oder Schnur im Maul festhält! Du kannst sie sonst verletzen.

Wenn du deiner Katze eine leere Schachtel oder Papiertüte gibst, wird sie bestimmt hineinschlüpfen. Aber laß sie nicht mit Plastiktüten spielen, sie könnte darin ersticken!

Laß die Katze ein Spielzeug auch immer wieder einmal fangen, sonst wird es ihr zu langweilig.

Katzen klettern gern. Sie haben einen guten Gleichgewichtssinn. Der Schwanz hilft ihnen beim Balancieren.

*Starke Krallen – damit kann sie sich an Ästen festhalten.*

37

# Was Katzen lernen können

Katzen tun, was sie wollen. Du kannst eine Katze nicht dressieren wie einen Hund. Trotzdem kannst du ihr einiges beibringen: zum Beispiel das Katzenklo zu benutzen, durch eine Türklappe zu gehen oder auf dein Rufen zu kommen.

*Junge Kätzchen lernen von ihrer Mutter, das Katzenklo zu benutzen.*

*Zeige deinem Kätzchen, wo sein Katzenklo steht. Setze es nach jeder Mahlzeit hinein, ebenso morgens und abends.*

Katzen sind sehr reinliche Tiere. Wenn sie aufs Katzenklo gehen, graben sie ein Loch und scharren es nachher zu. Wechsle die Streu täglich und reinige den Behälter mindestens einmal in der Woche. Wasch dir anschließend die Hände! Willst du die Katze daran gewöhnen, in den Garten zu gehen, dann stell das Katzenklo jeden Tag etwas näher an die Tür. Nach ein paar Tagen stellst du es draußen vor die Tür.

*Katzenklappe in der Tür*

Sobald die Katze 4 Monate alt ist, kannst du ihr beibringen, durch die Türklappe zu gehen. Kurz vor der Mahlzeit setzt du sie vor die Tür. Laß sie das Futter durch die offene Klappe sehen. Kommt sie durch die Klappe, gib ihr das Futter. Wiederhole das so lange vor jeder Mahlzeit, bis sie die Klappe benutzt.

Es ist einfacher, eine Katze rechtzeitig von Unarten abzuhalten, als sie ihr später abzugewöhnen. Wenn du sie bei etwas erwischst, das sie nicht tun darf, dann sag streng „nein!" und setze sie an einen anderen Platz. Schlage deine Katze nie!

*Gummibändchen*
Du kannst einer Katze nicht das Jagen abgewöhnen. Damit sie aber nicht unbemerkt an Vögel herankommt, häng ihr ein Halsband mit einer Schelle um.

Katzen kratzen oft an Möbeln, wenn sie nichts anderes finden, woran sie ihre Krallen schärfen können.

Katzen stehlen Essen, selbst wenn sie nicht hungrig sind! Da sie sehr wendig sind, bewahre alles Eßbare so auf, daß sie nicht daran kommen.

Wenn deine Katze nicht im Bett schlafen soll, dann laß die Schlafzimmertüren geschlossen.

# Richtiger Umgang – gute Pflege

Anfangs vermißt das Katzenjunge vielleicht seine Mutter. Deshalb mag es gern von dir auf den Arm genommen und gestreichelt werden. Geh sanft mit ihm um!

Halte die Katze mit beiden Händen. Schiebe die eine Hand unter die Vorderpfoten und stütze mit der anderen Hand das Hinterteil.

Sprich mit der Katze ur nenne sie beim Namer Streiche ihr leicht über das Fell – immer vom Kopf zum Schwan nie umgekehrt!

Die Katze zeigt dir, wenn sie gestreichelt werden möchte, spielen oder schlafen will. Überanstrenge sie aber nicht, sonst wird sie müde und ärgerlich.

Sucht deine Katze Gesellschaft, dann kommt sie zu dir. Reibt sie sich an deinem Bein wie hier, so heißt das: „Ich mag dich!"

Spiele mit einem jungen Kätzchen lieber nur auf dem Boden. Wenn du es irgendwo hinaufhebst, könnte es herunterfallen.

## Bürsten

Katzen brauchen gute Pflege. Bürste dein Kätzchen jeden Tag ein wenig, damit es sich daran gewöhnt.

Eine Langhaarkatze mußt du jeden Tag bürsten und kämmen. Entferne alle Dinge, die sich im Fell verfangen haben, bevor es verfilzt. Wenn sich im Haar Knoten gebildet haben, reiße nicht daran, sondern löse sie vorsichtig. Kurzhaarige Katzen müssen gebürstet werden, wenn sie Haare verlieren.

*Immer „mit dem Strich" bürsten, das heißt in Wuchsrichtung der Haare!*

## Putzen

Katzen putzen sich ausdauernd. Sie brauchen normalerweise nicht gebadet zu werden, die meisten Katzen mögen auch nicht ins Wasser.

Ihre rauhe Zunge wirkt wie ein Kamm. Sie benutzen ihre Vorderpfoten wie einen Schwamm und „waschen" sich so das Gesicht.

Katzen erreichen fast jeden Teil ihres Körpers, denn sie sind sehr beweglich.

Die Jungen lernen von ihrer Mutter bald, sich selbst zu putzen.

41

# Mit der Katze unterwegs

### Mit der Katze auf Reisen

Die meisten Katzen gehen nicht gern auf Reisen und versuchen zu flüchten, wenn du sie mitnehmen willst. Deshalb solltest du bereits das Junge daran gewöhnen. Du brauchst einen festen Karton oder Korb, in dem du die Katze tragen kannst.

*Das Halsband muß einen Gummieinsatz haben: Wenn die Katze mit dem Halsband irgendwo hängenbleibt, muß sie sich davon befreien können!*

*Anhänger mit deinem Namen und deiner Anschrift*

*Wichtig: viele Luftlöcher!*

Der Karton oder Korb muß gut verschlossen sein, sonst zwängt sich die Katze heraus. Wenn der Karton naß wird, kann er aufweichen.

Ein solches Halsband ist nützlich, damit die Katze nicht verlorengeht. Gewöhne sie daran, bevor du mit ihr auf Reisen gehst.

Manchmal haben Katzen weniger Angst, wenn sie in einem Drahtkorb befördert werden. Sie können dann sehen, was um sie herum geschieht, und bekommen genügend Frischluft.

*Geräumiger Korb*

*Zeitungspapier*

*Alte Zeitungen*

Für lange Reisen solltest du einen großen Karton oder Korb besorgen, damit die Katze genügend Bewegungsfreiheit hat. Du mußt sie unterwegs auch füttern und ihr Wasser geben.

# Während der Ferien

Wenn du in die Ferien fährst, laß die Katze lieber zu Hause.

*Manche Tierheime haben ein Gehege für mehrere Katzen. In anderen Heimen hat jede Katze ihren eigenen Käfig.*

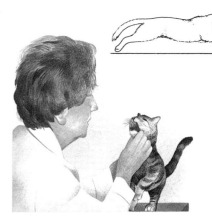

Vielleicht findest du einen Nachbarn oder Freund, der deine Katze täglich einmal füttert und nachschaut, ob es ihr gutgeht. Wenn das nicht möglich ist oder wenn du längere Zeit wegbleibst, bring die Katze in ein Tierheim. Aber bemühe dich frühzeitig um einen Platz, denn während der Ferien herrscht sicher großer Andrang.

Die Mitarbeiter des Tierheims werden prüfen, ob die Katze gesund ist, bevor sie sie aufnehmen. Vielleicht verlangen sie auch Impfzeugnisse.

## Mit der Katze umziehen

Wenn du umziehst, kümmere dich besonders um deine Katze. Achte darauf, daß sie ihr gewohntes Spielzeug und ihre Schüsseln leicht findet. Eine ältere Katze gerät durch einen Umzug häufig aus dem Gleichgewicht und braucht länger zum Eingewöhnen.

Halte die Katze einige Tage im Haus, bis sie mit der neuen Wohnung vertraut ist. Dann laß sie kurz vor den Mahlzeiten draußen die Umgebung auskundschaften. Sie kommt dann sicher bald zum Fressen zurück und wird sich nicht zu weit entfernen oder gar verirren.

# Wenn deine Katze krank ist

Eine gesunde Katze ist lebhaft, hat klare Augen und ein sauberes, glänzendes Fell. Sie frißt gut und verwendet viel Zeit darauf, sich zu putzen. Sobald die Katze anders aussieht und sich beim Fressen, Trinken oder Schlafen anders verhält, kann das bedeuten, daß sie sich nicht wohl fühlt. Erbrechen, Durchfall, Husten und Schnupfen sind Anzeichen für eine Krankheit.

## Wenn die Katze Gras frißt

Katzen fressen oft Gras. Dadurch können sie erbrechen und sich von Haarklumpen im Magen befreien. Für Stadtkatzen ohne Garten oder Rasen muß man deshalb in einem Blumentopf Gras ziehen.

Kleine Tiere wie Flöhe, Milben oder Würmer können sich auf der Haut oder im Körper der Katze angesiedelt haben. Die Katze fühlt sich dann krank.

## Flöhe

Wenn die Katze Flöhe hat, wird sie sich häufig kratzen. Bürste das Tier auf einer hellen Unterlage. Setze es weg und bespritze die Unterlage mit Wasser. Erscheinen rote Tüpfelchen, dann hat die Katze Flöhe. Kaufe Flohpulver und wende es nach Vorschrift an. Säubere den Schlafplatz und die Teppiche gründlich.

## Ohrmilben

Im Ohrenschmalz können Milben leben. Die Katze kratzt sich dann an den Ohren und schüttelt den Kopf. Berühre die Ohren nicht, denn sie sind besonders empfindlich. Bringe die Katze zum Tierarzt!

## Würmer

Junge Katzen sollten ein Medikament gegen Fadenwürmer bekommen. Ausgewachsene Katzen können Bandwürmer haben. Laß dich vom Tierarzt beraten.

## Besuch beim Tierarzt

Der Tierarzt kann deine Katze gegen gefährliche Krankheiten impfen. Erkundige dich danach, solange die Katze noch jung ist. Vermutest du, daß die Katze krank ist oder sich verletzt hat, geh gleich zum Tierarzt! Es gibt Krankheiten, an denen eine Katze nach wenigen Tagen stirbt.

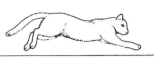

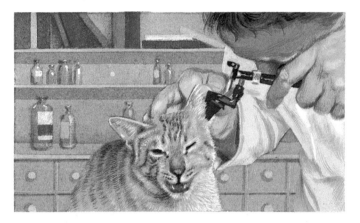

Ist die Katze krank, lege sie vorsichtig in ihren Reisekorb und bring sie zum Tierarzt. Versucht die Katze, dich zu kratzen oder zu beißen, so wickle sie in eine Decke oder ein Badetuch. Laß dir von einem Erwachsenen dabei helfen.

Der Tierarzt untersucht die Katze und sagt dir, was ihr fehlt. Diese Katze hat etwas an den Ohren. Frage, wie du die Katze zu Hause behandeln sollst. Laß sie möglichst viel in Ruhe.

## Tabletten oder Tropfen eingeben

Vom Tierarzt bekommst du oft Tabletten oder Tropfen mit nach Hause. Es ist gar nicht einfach, sie der Katze zu geben. Du kannst versuchen, die Tropfen oder die zerdrückte Tablette unter das Futter zu mischen, aber dann frißt die Katze es oft nicht.

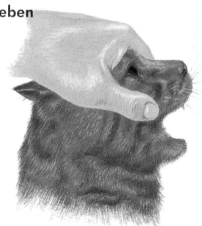

Frage den Tierarzt, wie du die Tabletten eingeben sollst. Laß dir dabei von einem Erwachsenen helfen, damit die Katze dich nicht beißen kann.

# Junge Kätzchen

Wenn eine Katze ungefähr 6 Monate alt ist, kann sie Junge bekommen, und zwar dreimal im Jahr. Mit jedem Wurf kann sie bis zu sechs junge Kätzchen zur Welt bringen.

Es ist sehr schwierig, für so viele Katzen ein gutes Zuhause zu finden. Am besten bringst du deine Katze mit etwa 6 Monaten zum Tierarzt und läßt sie sterilisieren. Dann kann sie keine Jungen mehr bekommen.

Auch einen Kater (männliche Katze) solltest du im Alter von 6 Monaten kastrieren lassen. Dadurch kann er nicht mehr Vater von unzähligen Jungen werden. Kastrierte Kater werden meist etwas ruhiger und häuslicher.

*Der Tierarzt rasiert das Fell an der Stelle des Eingriffs.*

*Manche Kater werden nach der Kastration recht dick.*

Eine weibliche Katze, die nicht sterilisiert ist, benimmt sich von Zeit zu Zeit seltsam: Sie ist „rollig". Dann ruft sie mit lauter, klagender Stimme nach einem Kater. Sie reibt sich an Gegenständen und hinterläßt so eine Duftspur für einen Kater.

Ist der Kater nicht kastriert, wird er sehr oft draußen umherstreifen. Er kämpft mit anderen Katern und kommt manchmal verwundet und schmutzig nach Hause. Im Haus verbreitet er einen strengen Geruch.

*Oft paart sich die Katze mit dem Kater, der im Kampf gewonnen hat.*

*Die Katze rollt sich am Boden, um einen Kater anzulocken.*

## Wenn deine Katze Junge hat

Nach der Paarung wachsen im Bauch deiner Katze die Jungen heran. Man sagt, die Katze ist trächtig. Trage sie jetzt nicht, wenn es nicht nötig ist, und behandle sie liebevoll.

*Bei einer trächtigen Katze schwellen die Zitzen an und werden rosa.*

*Ihr Bauch wird dicker, je größer die Jungen werden.*

Trächtige Katzen sollten mehr Nahrung bekommen. Außerdem brauchen sie vielleicht Lebertran und zusätzliche Vitamine.

Etwa neun Wochen nach der Paarung kommen die Jungen zur Welt. Die Katze sucht sich für die Geburt einen warmen, geschützten Platz.

Katzen sind gute Mütter. Gewöhnlich brauchen sie beim Gebären keine Hilfe. Du kannst deine Katze dabei beobachten und den Tierarzt rufen, falls sie Schwierigkeiten hat. Sobald die Jungen auf der Welt sind, krabbeln sie zu den Zitzen und saugen Milch. Faß die Jungen erst an, wenn sie die Augen öffnen.

*Stelle einen Karton zurecht und lege ihn mit alten, aber sauberen Tüchern oder Zeitungspapier aus. Vielleicht benutzt ihn die Katze.*

*Der Eingang sollte niedrig sein, damit Mutter und Junge bequem zum Ruheplatz kommen.*

47

# Bilderrätsel

Auf diesem Bild sind 13 Katzen versteckt.
Findest du sie alle?

# Hunde

## und ihre Welpen

*Collie
(Schottischer
Schäferhund)*

### Daumenkino: So läuft ein Hund

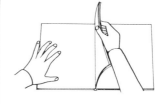

*Halte die
Seiten 51 bis 72
so, wie es
hier gezeigt
ist.*

Blättere die Seiten schnell durch
und achte dabei auf die rechte
obere Ecke.

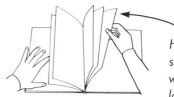

*Hier oben
siehst du,
wie der Hund
läuft.*

# Was man über Hunde wissen sollte

Ein Hund ist wie ein Familienmitglied. Bevor ihr einen Hund anschafft, solltest du zusammen mit deinen Eltern einige Dinge überlegen und besprechen. Deine Eltern werden dir nämlich bei seiner Erziehung und Betreuung helfen müssen.

Ein Hund lebt etwa 14 Jahre und braucht täglich Zuwendung. Du mußt ihn füttern, ausführen, mit ihm spielen und ihn pflegen.

*Dieser Hund wartet auf seinen Abend-spaziergang.*

*Führe deinen Hund täglich etwa zur gleichen Zeit spazieren.*

*Irischer Setter*

*Dieser Hund war zu lange allein. Er jault, weil er unglücklich ist. Das könnte die Nachbarn stören.*

Hunde brauchen Gesellschaft und sollten nicht länger als ein paar Stunden allein sein.

Einen Hund zu halten, kostet Geld: Zuerst einmal mußt du ihn kaufen, dazu ein Halsband, eine Leine und einen Schlafkorb; denke auch an das Futter, die Hundesteuer, Besuche beim Tierarzt und vielleicht an die Unterbringung in einem Tierheim während der Ferien.

*Bearded Collie*

*Notfalls müssen deine Eltern den Garten mit einem hohen Zaun umgeben, damit der Hund nicht wegläuft.*

*Deutscher Schäferhund*

Hundebesitzer müssen bestimmte Vorschriften beachten: Für einen Hund muß man Hundesteuer bezahlen und bekommt dann eine Marke, die der Hund am Halsband tragen muß. Wenn man ins Ausland reisen will, braucht man Impfzeugnisse für den Hund.

Im Straßenverkehr und meist auch in öffentlichen Anlagen mußt du den Hund an der Leine führen.

Läuft der Hund frei herum und verursacht einen Unfall, müssen deine Eltern für den Schaden aufkommen. Dagegen kann man sich versichern lassen.

Ein Hund braucht viel Aufmerksamkeit und Betätigung. Wenn du ihn gut versorgst und ihm deine Zuneigung zeigst, wird er dir ein treuer Freund und Spielkamerad.

Wild und Weidetiere haben Angst vor Hunden. Wenn ein Hund andere Tiere anfällt, wird der Hundebesitzer dafür zur Verantwortung gezogen. In Sperrgebieten darf ein Jäger frei laufende Hunde sogar erschießen. Du solltest außerdem darauf achten, daß dein Hund die Gehwege nicht verschmutzt. Sonst rutscht vielleicht jemand aus und verletzt sich.

# Wenn du einen Hund möchtest

Hier findest du einige Tips, was du bei der Auswahl eines Hundes beachten solltest. Es gibt über 200 anerkannte Hunderassen. Einige davon sind in diesem Buch abgebildet. Lies am besten noch andere Bücher über Hunde und frage Hundebesitzer nach ihrer Meinung.

*Große Hunde sind sehr kräftig, sie wollen daher auch gut gefüttert und ausreichend beschäftigt werden. Sie brauchen viel Platz im Haus und einen großen Auslauf.*

*Afghanischer Windhund*

*Yorkshire-Terrier*

*Kleine Hunde brauchen weniger Futter und Platz, sie können aber recht scharf sein.*

*Dieser Hund muß zum Haareschneiden – er sieht nichts mehr!*

*Langhaarige Hunde brauchen viel und regelmäßige Pflege.*

*Bobtail (Altenglische Schäferhund*

*Ein großer Hund kann dich umwerfen, auch wenn er freundlich sein will.*

Manche Hunde züchtet man mehr wegen ihres Aussehens als wegen ihres Verhaltens. Deshalb solltest du dich genau über die Rasse erkundigen, die du dir wünschst. Tierärzte und Hundezüchter können dir darüber Auskunft geben.

Bei der Kreuzung verschiedener Rassen entstehen Bastarde. Sie sind oft gutmütig und viel billiger als Rassehunde.

Bei einem Bastard-Welpen weiß man nie, wie groß der Hund wird, auch wenn man die Mutter kennt.

*Aus diesem kleinen Welpen…*

*…ist dieser riesige Hund geworden!*

## Wie man sich einen Hund aussucht

Wenn du dich für eine bestimmte Hunderasse entschieden hast, frage bei einem Züchter oder in einem Tierheim, ob du dort Welpen kaufen kannst. Erkundige dich auch beim Tierarzt, worauf du bei dieser Rasse besonders achten mußt.

Laß dir die Welpen zusammen mit ihrer Mutter zeigen. Such dir einen aus, der gesund und lebhaft wirkt, gern spielt und sich für dich interessiert. Der Welpe sollte weder zu dick noch zu mager sein und klare Augen haben; Fell, Ohren und Nase müssen sauber sein.

*Jack-Russell-Terrier*

53

# Was ein Hund alles braucht

Bevor du den Welpen nach Hause holst, mußt du ein paar Dinge besorgen. Überleg dir auch einen Namen, damit du ihn zu Hause gleich daran gewöhnen kannst.

*West Highland White-Terrier*

*Achte auf Spielzeug ohne Spitzen und scharfe Kanten!*

Wenn du deinen Hund abholst, setzt du ihn am besten in einen festen Karton, der mit Zeitungen ausgelegt ist. Darin ist er sicher und bequem untergebracht, denn an die Leine kannst du ihn ja noch nicht nehmen.

Anfangs erscheint dem Welpen alles fremd und beängstigend. Begrüße ihn mit etwas Futter und Wasser und streichle ihn sanft. Laß noch keine fremden Leute zu ihm!

Dein Hund braucht einen warmen Schlafplatz. Für den Anfang ist ein einfacher Karton wahrscheinlich besser als ein teurer Schlafkorb, denn dein Welpe nagt vielleicht daran herum. Der Platz dafür sollte vor Zugluft und Feuchtigkeit geschützt sein.

*Das Lager sollte so geräumig sein, daß der Welpe sich bequem zusammenrollen kann.*

*Breite eine waschbare Decke über eine Lage Zeitungspapier.*

*Leg den Schlafplatz reichlich mit alten Zeitungen aus.*

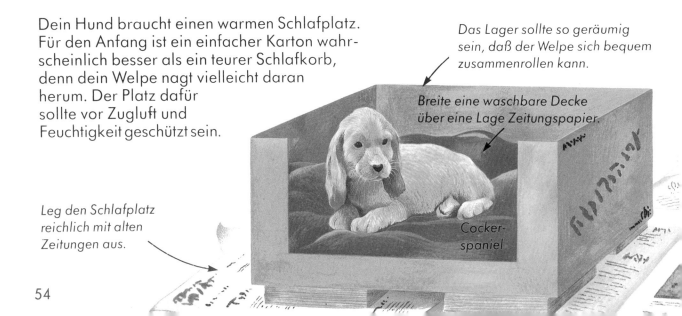

*Cockerspaniel*

In den ersten Nächten wird der Welpe vielleicht jaulen, weil er Mutter und Geschwister vermißt. Geh nicht gleich bei jedem Ton zu ihm, sonst jammert er immer, sobald du ihn verläßt.

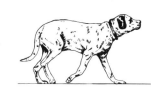

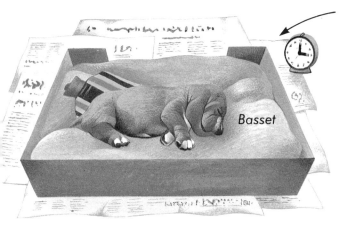

*Du kannst eine Wärmflasche mit warmem Wasser in ein Tuch einwickeln und dem Welpen ins Bett legen. Zur „Unterhaltung" kannst du ihm einen tickenden Wecker neben das Lager stellen.*

Basset

Beagle

*Bald wird der Welpe seine Angst verlieren. Er wird herumlaufen, alles erkunden und ablecken – auch dich!*

## Halsband für Welpen

Für deinen Welpen brauchst du ein Halsband und eine Leine. Das Halsband sollte so locker sitzen, daß du noch zwei Finger zwischen Halsband und Hals schieben kannst.
Später braucht dein Hund ein stärkeres und größeres Halsband mit Leine.

*Dehnbares Band*

Welpen-Halsband

*Anhänger mit deinem Namen und deiner Anschrift*

Geh möglichst bald zum Tierarzt. Der Welpe muß vielleicht eine Wurmkur machen und gegen Krankheiten geimpft werden, bevor er 3 Monate alt ist.

### So hältst du deinen Hund richtig

Nimm beide Hände, wenn du deinen Welpen aufhebst. Hebe ihn nie am Bauch oder an den Vorderbeinen hoch.

*Mit der einen Hand stützt du die Vorderbeine.*

*Mit der anderen Hand stützt du die Hinterbeine.*

Halte den Hund fest, aber drücke ihn nicht zu sehr. Versuche nie, einen großen Hund hochzuheben!

# Was frißt dein Hund?

Wildlebende Hunde müssen sich Nahrung suchen oder jagen. Deshalb fressen sie soviel wie möglich, wenn sie etwas finden. Auch manche Haushunde neigen dazu. Es ist aber falsch, ihnen zuviel auf einmal zu geben oder sie länger ohne Nahrung zu lassen.

## So fütterst du deinen Welpen

Anfangs braucht dein Welpe vier Mahlzeiten am Tag – er frißt noch nicht viel auf einmal. Du kannst ihm eine Mischung aus Dosenfutter, halbfeuchtem, trockenem oder frischem Futter geben sowie Hundekuchen, Flocken und Milch. Stelle immer eine Schüssel mit frischem Wasser bereit. Wenn dein Welpe 3 Monate alt ist, gewöhne ihn an drei größere Mahlzeiten am Tag. Mit 6 Monaten reichen zwei große Mahlzeiten täglich. Vergrößere die Mahlzeiten, indem du ihm mehr Fleisch und Hundekuchen, dafür weniger Milch gibst. Nach 9 Monaten sind die meisten Hunde mit einer Mahlzeit am Tag zufrieden.

## So fütterst du einen ausgewachsenen Hund

Ältere Hunde gedeihen am besten mit einer Mischung aus Fleisch, Flocken und Hundekuchen. Dosenfutter, halbfeuchtes oder trockenes Futter kann man einfach zusammen mit Hundekuchen und Wasser geben. Wieviel Futter dein Hund braucht, hängt natürlich von seiner Größe ab. Tierärzte oder Züchter können dich dabei beraten. Füttere deinen Hund jeden Tag zur gleichen Zeit am selben Ort. Wasser muß immer bereitstehen.

West Highland White-Terrier

*Wenn Welpen älter werden, brauchen sie weniger, aber größere Mahlzeiten.*

Wenn du dem Welpen Dosen- oder Trockenfutter gibst, verwende spezielles Welpenfutter. Fütterst du frische Nahrung, dann mische Fleisch, Flocken und warme Milch. Du kannst ihm auch Innereien wie Leber oder Nieren geben, aber alles muß stets gut zerkleinert sein. Der Tierarzt kann dir Ratschläge für die richtige Ernährung deines Welpen geben.

Wenn du deinen Hund beim Fressen beobachtest, so wirst du feststellen, daß er die Nahrung nicht kaut. Ältere Hunde haben einen großen Magen, der große Stücke aufnimmt. Nach der Mahlzeit brauchen sie Ruhe zum Verdauen.

*Deutsche Dogge*

*Brauner Labrador-Retriever*

Für große Hunde sollte der Futternapf etwas erhöht stehen.

Hunde mögen gern Knochen: Sie sind gesund für Zähne und Zahnfleisch. Aber gib deinem Hund nur große, rohe Markknochen. Hühnerknochen und andere kleine, spitze Knochen sind gefährlich.

*Bluthund*

Hunde sind gefräßig. Gib deinem Hund nichts zu naschen zwischen den Mahlzeiten oder wenn du gerade selbst ißt. Süßigkeiten schaden ihm.

Hunde mit langen Ohren brauchen kleine Schüsseln mit hohem Rand.

*Schwarzer Labrador-Retriever*

Hunde stehlen manch-mal Essen, auch wenn sie satt sind.

# Mit dem Hund im Haus

## Schlafen

Lebt dein Hund mit im Haus, braucht er sein eigenes Lager. Ist er ausgewachsen, kannst du ihm einen Korb kaufen. Es gibt verschiedene Arten davon: Nimm einen, der groß genug ist, daß sich der Hund darin herumdrehen kann. Das „Bett" sollte auch leicht zu säubern sein.

Hunde schlafen täglich etwa 14 Stunden, Welpen sogar noch mehr.

*Cavalier King Charles-Spaniel*

*Gelber Labrador-Retriever*

Wenn dein Hund Ruhe haben will, zieht er sich in den Korb zurück. Dort versteckt er auch sein Lieblingsspielzeug oder seine Knochen.

*Afghanische Windhund*

### Dein Hund ist wachsam

Jeder Hund, gleich welcher Rasse, fängt im Haus an zu bellen, wenn er ungewohnte Geräusche hört. Damit hilft er, das Haus zu bewachen.

*Bulldogge*

Hunde schlafen gern auf harten Böden, wenn es dort warm oder sonnig ist. Dabei strecken sie sich genüßlich aus.

## So wird dein Hund sauber

Mit 8 Wochen muß ein Welpe täglich etwa zwölfmal Wasser lassen. Aber er lernt bald, seine „Pfützen" nicht überall in der Wohnung zu machen. Meistens spürt er den Drang nach dem Aufwachen und nach den Mahlzeiten. Wenn es soweit ist, schnüffelt er am Boden und dreht sich im Kreis. Bring ihn dann immer gleich hinaus und lobe ihn, wenn er sein Geschäft draußen verrichtet hat. Wenn du ihn in der Wohnung dabei erwischst, sag streng: „Pfui!" Schrei aber nicht und schlage ihn nicht! Am strengen Tonfall merkt er, daß er etwas falsch gemacht hat. Säubere die Stelle gründlich und wasche dir danach die Hände.

*Bring den Welpen hinaus, wenn er das Bedürfnis danach zeigt.*

*Cocker-spaniel*

Laß besonders bei Welpen keine kleinen oder spitzen Sachen herumliegen – der Hund könnte sie verschlucken und sich verletzen. Auch Plastiktüten sind gefährlich, da der Welpe darin ersticken kann. Schütze Elektrokabel, damit er sie nicht durchnagt. Laß weder Spielzeug noch Schuhe herumliegen, wenn du sie nicht angeknabbert vorfinden willst.

*Cairn-Terrier*

Es gibt noch andere Möglichkeiten, deinen Welpen sauber zu bekommen: Wenn er „muß", setze ihn behutsam auf eine Zeitung und laß ihn darauf sein Geschäft machen. Nach und nach nimmst du einige Blätter weg, bis schließlich nur noch eins an der Tür liegt. Dann legst du die Zeitung in den Garten. So lernt der Welpe, sich zu melden, wenn er hinaus muß.

# Was Hunde gern spielen

*Dalmatiner*

Welpen spielen mit allem, was sie finden. So lernen und üben sie. Gib deinem Welpen eigenes Spielzeug, dann macht er weniger andere Dinge kaputt.

Ein Ball für deinen Hund sollte so groß sein, daß er ihn nicht verschlucken kann. Bälle und Spielzeug aus weichem Gummi sind gefährlich: Der Hund kann sie zerbeißen und die Teile verschlucken. Wenn du mit Stöcken spielst, achte darauf, daß sie keine spitzen Ecken haben und daß keine Nägel herausstehen. Wirf auch keine Steine: Dein Hund könnte einen verschlucken oder sich die Zähne damit beschädigen.

Manche Hunde spielen gern Verstecken. Befiehl deinem Hund, sitzen zu bleiben, während du ein Spielzeug versteckst. Dann laß ihn suchen.

Wenn dein Hund gern schwimmt, wirf ihm ein Stöckchen ins Wasser und laß es ihn holen.

*Münsterländer*

Viele Hunde jagen gern hinter einem Stock her, den du wegwirfst. Sie holen ihn und bringen ihn dir zurück. Das macht Spaß und ist eine gute Übung.

Dieser Hund möchte, daß jemand mit ihm spielt.

Hunde spielen gern Tauziehen. Paß auf, daß er sich dabei nicht die Zähne beschädigt oder das Maul verletzt!

Wenn Hunde zusammen spielen, sieht es manchmal wie ein Kampf aus.

*Deutscher Schäferhund*

Hunde springen gern hoch, um etwas zu fangen. Laß deinen Hund aber nicht zu hoch springen, damit er sich nicht verletzt.

# Richtiger Umgang – gute Pflege

Mit ausgewachsenen Hunden muß man viel draußen spazierengehen. Gewöhne deinen Hund an die Leine, solange er noch jung ist. Er muß gelernt haben, aufs Wort zu folgen, bevor du ihn von der Leine läßt.

*Junge Schäferhunde*

Hunde laufen gern frei herum und kundschaften alles aus. Sie wollen Fährten verfolgen und andere Hunde treffen. Ein kurzer Spaziergang ohne Leine an einem sicheren Ort ist besser als lange Spaziergänge an der Leine.

*Englischer Setter*

Für den Welpen gilt das Spielen in Haus und Garten als Übung. Bevor er nicht geimpft ist, sollte er den Garten nicht verlassen.

*Bassett*

---

### Halsband und Leine

Du brauchst für deinen Hund das richtige Halsband und eine Leine. In einer Tierhandlung kann man dich dabei beraten.

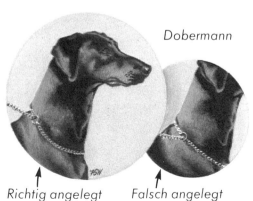

*Dobermann*

Richtig angelegt    Falsch angelegt

Bei manchen Übungen ist ein Zughalsband (wie abgebildet) hilfreich. Es kann den Hund aber verletzen und muß mit Vorsicht gehandhabt werden. Es ersetzt auch nicht das normale Halsband mit Leine.

Rüden (männliche Hunde) hinterlassen ihre Fährte bei Spaziergängen, indem sie an Bäume, Laternenpfähle und ähnliches urinieren. Ebenso schnüffeln sie ständig den Fährten anderer Hunde nach. Jeder Hund hat seine eigene Fährte.

## Bürsten und Kämmen

Damit das Fell sauber und gesund bleibt, solltest du es regelmäßig kämmen oder bürsten.

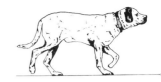

*Kurzhaarige Hunde muß man nur bürsten. Nimm dazu eine weiche Haarbürste.*

*Langhaarige Hunde müssen täglich gekämmt und gebürstet werden.*

Bernhardiner

## Baden

Wenn dein Hund unangenehm riecht, mußt du ihn vielleicht einmal baden.

Zwergpudel

Einen kleinen Hund kannst du ins Waschbecken setzen. Mit einem großen Hund gehst du besser in den Garten und verwendest eine Gießkanne oder einen Wasserschlauch. Benütze aber warmes Wasser und Hundeshampoo! Spüle die Seife gut ab. Reibe ihn mit seinem eigenen Tuch trocken und halte ihn danach warm. Auch nach einem Spaziergang im Regen solltest du ihn abtrocknen.

# Was Hunde lernen sollten

Mit der Erziehung eines Hundes fängt man an, wenn der Hund etwa 6 Monate alt ist. Dabei sollte immer dieselbe Person (am besten ein Erwachsener) die Übungen mit dem Hund durchführen. Man geht dazu in ein abgezäuntes Gelände oder in eine Gegend, die der Hund kennt.

Sprich immer mit klarer, freundlicher Stimme und benütze kurze, einfache Worte. Sprich die Worte immer in der gleichen Weise, dann erkennt sie der Hund schnell wieder. Hat er etwas richtig gemacht, muß er gelobt werden. Geduld und Ruhe des Trainers sind ganz wichtig!

> Regelmäßige Übungen von 5 bis 10 Minuten Dauer sind besser als wenige längere. Wiederhole die gleiche Übung mehrmals am Tag.

Es gibt vier grundlegende Befehle, die der Hund befolgen lernen muß.

### „Fuß!"

Zuerst soll er lernen, „bei Fuß" zu gehen. Sobald der Welpe sich an das Halsband gewöhnt hat, legst du ihm die Leine an und läßt ihn damit herumrennen. Dann hältst du die Leine so kurz, daß der Welpe gerade hinter deinem linken Bein steht, mit seinem Kopf nahe an deinem Bein. Sag „Fuß!" und geh los. Versucht er, dich zu überholen, oder zieht er zur Seite, zieh ihn zu dir zurück und sag wieder „Fuß!". Lobe ihn, sobald er richtig geht.

### „Sitz!"

Laß den Hund still stehen, dann sag „sitz!" und drücke ihm gleichzeitig das Hinterteil nach unten, bis er sitzt. Lobe ihn. Wiederhole diese Übung, bis du ihn nicht mehr hinunterdrücken mußt und er aufs Wort folgt.

Labrador-Retriever

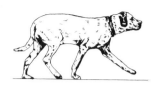

Ist dein Hund gut erzogen, habt ihr beide mehr Freude aneinander. Du kannst häufiger etwas mit ihm zusammen unternehmen, wenn du weißt, daß er dir aufs Wort gehorcht. Denn auch für Hunde gibt es viele Gefahren.

### „Platz!"

Manchmal soll der Hund an einer Stelle sitzen bleiben. Sobald er auf „sitz!" folgt, sag „Platz!" und geh einige Schritte zurück. Der Hund wird zunächst versuchen, dir zu folgen. Sag wieder „Platz!" und laß ihn sich setzen. Lobe ihn, wenn er an der Stelle sitzen bleibt, die du bestimmt hast.

### „Komm!"

Schließlich mußt du den Hund auch herbeirufen können. Dazu sollte der Hund seinen Namen kennen. Befestige an der Leine eine lange Schnur. Befiehl „sitz!", dann „Platz!" und geh anschließend ein paar Schritte zurück. Sag dann „komm!" (oder „hierher!") und rufe ihn beim Namen. Zieh gleichzeitig vorsichtig, aber fest an der Schnur. Lobe ihn, wenn er kommt. Gehe nach und nach weiter zurück, bis ans Ende der Schnur. Nach einigen Übungen sollte der Hund auch ohne dein Ziehen an der Schnur zu dir kommen.

Golden Retriever

# Mit dem Hund unterwegs

Die meisten Hunde fahren gern im Auto mit. Welpen wird es allerdings bei den ersten Fahrten manchmal übel; deshalb sollte man mit ihnen nur kurze Strecken fahren. Einige Hunde werden während der Fahrt unruhig. Dein Hund muß deshalb lernen, still zu sitzen.

Manche Autos haben einen Gepäckraum, den man durch ein Gitter vom Fahrerraum abtrennen kann.

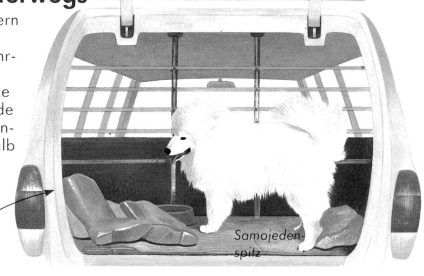

*Samojeden-spitz*

Auf längere Fahrten mußt du frisches Wasser und den Hundenapf mitnehmen, damit der Hund trinken kann, wenn er Durst bekommt. Ihr solltet möglichst ab und zu anhalten und ihn an der Leine hinauslassen.
Erlaube ihm nicht, den Kopf aus dem Fenster des fahrenden Autos zu strecken! Das ist gefährlich, und er kann sich dabei die Augen verletzen.

*English Springer-Spaniel*

Welpen solltest du nie im geparkten Auto allein lassen, auch nicht für kurze Zeit. Ein ausgewachsener Hund sollte nicht länger als 2 Stunden allein im Auto bleiben. Dein Hund fühlt sich sonst im Stich gelassen und wird sehr unglücklich. Wenn du den Hund im Auto lassen mußt, achte darauf, daß der Wagen im Schatten steht. Es sollte im Auto nie zu heiß oder zu kalt für den Hund werden.

Laß ein Fenster des Wagens so weit offen, daß genügend Frischluft hereinkommt, der Hund aber nicht hinausschlüpfen kann.

## Mit dem Hund in die Ferien

Wenn du deinen Hund mit in die Ferien nimmst, braucht er sicher eine Weile, bis er sich eingewöhnt hat. Ein Hund vom Land fürchtet sich vor Stadtverkehr und Lärm. Einen Stadthund können Tiere auf dem Land oder auf einem Bauernhof ziemlich aufregen, und er will sie jagen. Halte den Hund anfangs immer an der Leine. Nimm außerdem seinen Korb und seinen Futternapf mit.

*Golden Retriever*

Viele Hunde spielen und schwimmen gern im Wasser. Ruf deinen Hund zurück, bevor er zu weit weg schwimmt oder andere Leute belästigt. Laß ihn nicht in starker Strömung schwimmen!

Am Meer braucht der Hund einen Napf mit Süßwasser. Wenn er Salzwasser trinkt, kann er krank werden. Laß ihn nie am Badestrand sein Geschäft machen!

## Unterbringung im Tierheim

Wenn du den Hund nicht mitnehmen kannst und sich niemand findet, der ihn versorgt, kannst du ihn vielleicht in einem Tierheim unterbringen. Erkundige dich in einer Tierhandlung oder beim Tierarzt, wo es eine solche Einrichtung gibt. Erkundige dich, ob du den Hund zuvor noch impfen lassen mußt. Auch bei einem Umzug mit dem üblichen Durcheinander ist es manchmal besser, den Hund vorübergehend in ein Tierheim zu bringen.

Sobald dich dein Hund nicht sieht, fühlt er sich auch im Zwinger wohl, wenn er mit anderen Hunden zusammen ist.

# Wenn dein Hund krank ist

Wenn sich dein Hund plötzlich seltsam verhält, kann er krank sein. Hunde erbrechen oft; manchmal fressen sie Gras, damit sie erbrechen können. Falls dein Hund jedoch länger als 2 Tage die Nahrung verweigert, dauernd erbricht oder Durchfall hat, kann er ernsthaft krank sein. Bring ihn zum Tierarzt!

*Cavalier King Charles-Spaniel*

### Würmer

Ist dein Hund ständig hungrig und scheint dabei immer magerer zu werden, hat er vielleicht Würmer. Alle Hunde, besonders Welpen, müssen regelmäßig gegen Würmer behandelt werden. Der Tierarzt gibt dir Auskunft und verschreibt Medikamente.

**Wenn dein Hund sich dauernd kratzt**

Kratzt sich dein Hund auffallend oft oder beißt er sich ins Fell, so bring ihn zum Tierarzt. Entweder wird der Arzt dir raten, den Hund häufiger zu kämmen, oder er stellt Flöhe fest. Dagegen gibt es Puder. Auch wenn dein Hund häufig den Kopf schüttelt oder sich an den Ohren kratzt, mußt du ihn untersuchen lassen; die Ohren sind nämlich besonders empfindlich.

*Chow-Chow*

Hunde verletzen sich häufiger mal die Pfoten. Reinige die verletzte Pfote und verbinde sie, wenn es nötig ist. Bei größeren Wunden mußt du zum Tierarzt gehen.

Hundetollwut ist eine Krankheit, die auch für den Menschen tödlich sein kann. Sie wird durch den Biß oder den Speichel eines tollwütigen Hundes übertragen. Wo diese Krankheit auftritt, sollte man Hunde dagegen impfen lassen. Wer seinen Hund ins Ausland mitnehmen will, muß die entsprechenden Impfbestimmungen beachten.

# Hunde in der Paarungszeit

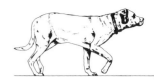

Frühestens mit 6 Monaten kann eine Hündin Junge bekommen. Zweimal im Jahr ist sie „läufig", das heißt sie ist bereit, sich mit einem Rüden (dem männlichen Hund) zu paaren. Sobald an ihrem Hinterteil Blutstropfen auftreten und sie ständig von Rüden verfolgt wird, ist sie läufig.

Rüden riechen, wenn eine Hündin läufig ist. Sie kommen und schnüffeln an ihr. Willst du nicht, daß sie Junge bekommt, dann mußt du in dieser Zeit gut auf sie aufpassen. Führe sie nur an der Leine aus.

Rüden laufen von zu Hause weg, wenn sie wissen, wo eine läufige Hündin ist. Oft bleiben sie tagelang vor dem Haus der Hündin. Laß die Hündin jetzt nicht hinaus.

Wenn du keine Welpen haben möchtest, kannst du deine Hündin mit 5 Monaten sterilisieren lassen. Der Tierarzt macht sie durch einen kleinen operativen Eingriff unfruchtbar. Das ist oft besser, als ständig Welpen zu haben und nicht zu wissen, wohin du sie geben kannst.

Foxhound

# Wie Welpen zur Welt kommen

Wenn du möchtest, daß deine Hündin Welpen bekommt, und auch weißt, wer sie nehmen wird, dann suche einen Rüden gleicher Rasse. Nach etwa 9 Wochen werden die Jungen geboren. In dieser Zeit – und noch ein bis zwei Monate danach – braucht deine Hündin besondere Zuwendung. Du solltest während dieser Zeit also nicht gerade in die Ferien fahren.

*West Highland White-Terrier*

Nach der Paarung beginnen die Welpen im Bauch der Hündin zu wachsen. Sie ist „trächtig". Ihr Bauch und ihre Zitzen schwellen an. Sie wird weniger spielen wollen. Sie braucht viel Milch, weniger Getreideflocken und mehr Fleisch. Gib ihr 3 Wochen vor der Geburt zusätzliche Mahlzeiten.

2 Wochen vor der Geburt (etwa 7 Wochen nach der Paarung) legst du den Schlafplatz mit Zeitungen aus. Vielleicht wird sich deine Hündin ein „Nest" daraus bauen. Kurz vor der Geburt ist sie sehr unruhig. Sie zieht sich auf ihr Wurflager zurück und braucht nun Ruhe; trotzdem möchte sie jemanden in der Nähe haben.

Ein Welpe kommt in einer Fruchtwasserblase zur Welt, die die Mutter aufbeißt, bevor der nächste geboren wird. Sie schleckt jeden Welpen erst einmal sauber. Eine große Hündin kann bis zu 10 Welpen bekommen (in seltenen Fällen auch mehr), eine kleine 4 bis 6.

*Dackel*

Welpen sind bei der Geburt blind und taub. Erst nach etwa 14 Tagen öffnen sie die Augen und fangen an, etwas zu hören. Sie können anfangs auch noch nicht laufen, sondern schieben sich auf dem Bauch vorwärts.

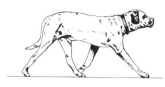

*Rough Collie*

Solange die Welpen bei der Mutter Milch saugen, braucht diese mehr Nahrung. Wenn die Welpen 3 Wochen alt sind, benötigt sie etwa das Dreifache der normalen Futtermenge.

Faß die Welpen in den ersten zwei Wochen nach der Geburt möglichst wenig an – das stört die Mutter! Sie wird sie schützen wollen, auch vor Menschen, die sie gut kennt.

Mit 3 Wochen beginnen die Welpen zu laufen. Sie verlassen das Lager und kundschaften die Umgebung aus. Jetzt kannst du ihnen kleine Mahlzeiten geben. Es gibt spezielle Welpennahrung zu kaufen.

*Beagle*

*Ein Welpe steigt vielleicht erst einmal in den Futternapf, bevor er lernt, daraus zu trinken.*

71

# Bilderrätsel

Auf diesem Bild sind 13 Hunde versteckt.
Findest du sie alle?

# Kleintiere

Hamster, Meerschweinchen, Mäuse,
Kaninchen und Wellensittiche

**Daumenkino: So springt die Ratte**

*Halte die Seiten 75 bis 96 so, wie es hier gezeigt ist.*

Blättere die Seiten schnell durch und achte dabei auf die rechte obere Ecke.

*Hier oben siehst du, wie die Ratte springt.*

# Was man über Kleintiere wissen sollte

In den folgenden Kapiteln erfährst du etwas über Wellensittiche, Rennmäuse, Hamster, Mäuse, Ratten, Meerschweinchen und Kaninchen. Das sind Tiere, die man verhältnismäßig einfach als Haustiere halten kann. Wenn sie zahm sind, macht es viel Spaß, sie zu beobachten und sich mit ihnen zu beschäftigen.

### Wenn du dir ein kleines Haustier zulegen möchtest

Frag zuvor deine Eltern, ob sie dir bei der Versorgung eines Haustiers helfen wollen.

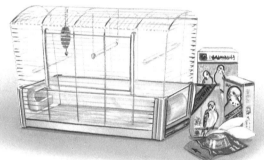

Kaninchen und Meerschweinchen sollte man im Garten laufen lassen können.

Kleintiere kosten zwar nicht sehr viel, aber für Futter, Käfig und Tierarztbesuche brauchst du auch Geld.

### Wie lange leben Kleintiere?

Wellensittiche: bis zu 15 Jahre

Kaninchen: 5 bis 8 Jahre

Meerschweinchen: 5 bis 7 Jahre

Rennmäuse: 2 bis 4 Jahre

Hamster und Ratten: 2 bis 3 Jahre

Mäuse: etwa 2 Jahre

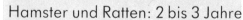

Auch ein Kleintier muß täglich versorgt werden!

Jeden Tag mußt du dein Tier füttern, seinen Freß- und Trinknapf reinigen und die Streu im Käfig erneuern.

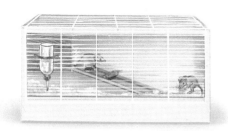

Die meisten Kleintiere sollten mit Artgenossen zusammen leben, damit sie sich nicht einsam fühlen. Halte jedoch nie Weibchen und Männchen im gleichen Käfig, sonst bekommen sie scharenweise Junge. Nur Hamster sollten einzeln gehalten werden; sie vertragen sich meist nicht miteinander!

Wenn du länger als einen Tag wegbleibst, mußt du jemanden bitten, dein Tier zu versorgen. Erkläre, was es zu fressen bekommt und wo der nächste Tierarzt zu erreichen ist.

Halte dein Kleintier immer außer Reichweite von Hunden oder Katzen, es bekommt sonst einen furchtbaren Schreck. Laß es auch nie mit einem Hund oder einer Katze allein im Zimmer – es könnte sogar im eigenen Käfig vor Angst sterben!

## Kleintiere in der Schule

Manchmal kann man in der Schule unter Anleitung eines Lehrers Kleintiere halten. Natürlich brauchen sie auch dort täglich Futter und Pflege.

Auch an schulfreien Wochenenden und während der Ferien muß sich jemand um die Tiere kümmern.

*Rennmäuse*

75

# Wenn du ein Kleintier möchtest

Bevor du dir ein Kleintier aussuchst, versuche soviel wie möglich über die verschiedenen Arten herauszufinden und erkundige dich, wie man sie richtig versorgt. Beim Kleintierzüchterverein, in Tierhandlungen oder beim Tierschutzverein kannst du dir Ratschläge holen.

## Wellensittiche

Wilde Wellensittiche leben in Schwärmen. Deshalb sind sie auch in Gefangenschaft lieber mit Artgenossen zusammen. Sprechen lernt jedoch nur ein einzeln gehaltener Vogel.

*Wellensittiche gibt es in vielen leuchtenden Farben – du kannst dir einen in deiner Lieblingsfarbe aussuchen.*

## Rennmäuse

Diese sauberen und lebhaften Tiere nagen gern. Sie sind Tag und Nacht in Bewegung und haben lange, behaarte Schwänze.

*Rennmäuse sind neugierig und beobachten aufmerksam, was um sie herum vorgeht.*

## Goldhamster

Goldhamster sind reinlich und können sehr zahm werden. Gewöhnlich schlafen sie tagsüber und werden erst abends munter. Sie haben kurze Schwänze und tragen ihr Futter in ihren Backentaschen herum.

*Dieser Goldhamster füllt gerade seine Backentaschen mit Futter. Darin hebt er es auf und frißt es später.*

## Mäuse

Mäuse sind scheu, aber leicht zu zähmen. Meistens werden sie erst nachts richtig munter. Du solltest sie nicht frei herumlaufen lassen, sonst findest du sie womöglich nicht mehr. Der Käfig muß zwei- bis dreimal in der Woche gereinigt werden. Mäuse gibt es in vielen Farben, aber alle sind gleich gut zu halten.

*Der lange, schuppige Schwanz dient der Maus zum Klettern.*

## Ratten

Sie sind verspielt, lernen leicht und lassen sich gern kleine Kunststücke beibringen. Das kann recht reizvoll sein. Meist sind sie nachts munter. Ratten gibt es nur in wenigen Farben.

*Ratten sind reinliche Haustiere.*

*Farbratte*

## Meerschweinchen

Meerschweinchen sind scheu, sanft, einfach zu halten und zu zähmen. Sie haben keinen Schwanz und können nicht gut klettern. Der Stall muß wöchentlich zwei- bis dreimal gesäubert werden.

*Langhaarige brauchen viel Pflege!*

*Rauhhaariges*

*Glatthaariges Meerschweinchen*

## Kaninchen

Sie werden schnell zahm und zutraulich. Beschäftige dich viel mit ihnen, damit sie sich nicht langweilen, und gib ihnen Karotten und hartes Brot zum Nagen. Manche Kaninchen kann man zusammen mit Meerschweinchen halten.

*Das Holländer-Kaninchen eignet sich gut für Kinder – es wird nicht zu schwer.*

# Was du beim Kauf beachten solltest

Kleintiere kannst du in Tierhandlungen, von Züchtern oder von Bekannten kaufen. Ein Züchter kann dir genau sagen, wie alt das Tier ist und von welchen Eltern es stammt. Züchter findest du über Zeitungsanzeigen oder im Telefonbuch.

Die meisten Kleintiere kann man im Alter von 6 bis 12 Wochen kaufen. Vergewissere dich, daß das Tier gesund ist, das du kaufen möchtest: Fell oder Federn müssen sauber, weich und glänzend sein. Das Tier muß munter und neugierig erscheinen und klare Augen haben. Prüfe auch, ob es sich richtig bewegt.

Beobachte einen Wellensittich beim Fliegen und Fressen: Das Gefieder sollte glänzen und fest am Körper anliegen.

*Ein ausgewachsenes Männchen ist blau über dem Schnabel.*

*Nasenloch*

*Ein ausgewachsenes Weibchen ist braun über dem Schnabel.*

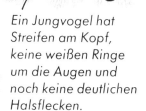

*Ein Jungvogel hat Streifen am Kopf, keine weißen Ringe um die Augen und noch keine deutlichen Halsflecken.*

Ein gesundes Kaninchen sollte die Ohren in die Richtung drehen, aus der Geräusche kommen, und es sollte mit der Nase zucken.

Die Maus sollte einen langen, spitzen Schwanz haben.

Diese gesunde Maus hat klare Augen und aufstehende Ohren.

Hamster wachen erst gegen Abend auf. Tagsüber wirken sie schläfrig und möchten nicht gestört werden.

## So bringst du dein Kleintier nach Hause

*Wichtig: viele Luftlöcher!*

*Den Karton mit Heu polstern!*

Für den Transport brauchst du einen verschließbaren, festen Karton oder einen Käfig. Trage ihn vorsichtig!

### Nagezähne

Nagetiere haben spitze Schneidezähne. Nimm deshalb einen ganz festen Karton oder besser einen Käfig, damit das Tier sich nicht durchnagen und weglaufen kann.

# Der richtige Käfig

Bevor du das Tier abholst, mußt du einen Käfig besorgen oder einen Stall bauen. Bedenke, daß das Tier fast sein ganzes Leben darin verbringen muß! Deshalb sollte er so groß wie möglich sein. Stelle ihn auf eine Unterlage und an einen Platz, der vor Zugluft und praller Sonne geschützt ist.

## Wellensittiche

Ein Zimmerkäfig muß so groß sein, daß der Vogel darin herumhüpfen und seine Flügel ausbreiten kann. Zwei Vögel brauchen entsprechend mehr Platz. Sie leben nicht gern in Räumen, in denen geraucht wird.

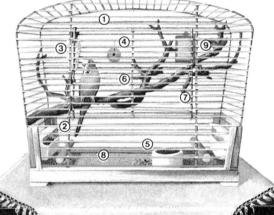

*Mehrere Sitzstangen*

① *Waagerechte Stangen zum Kletter*
② *Körner- und Wasserbehälter*
③ *Sepiaschale*
④ *Sittichring*
⑤ *Grit-Schüssel*
⑥ *Obstbaumzweig für Zehenübunger und zum Schnabelwetzen*
⑦ *Die Tür kann offenbleiben, wenn der Vogel frei im Zimmer herumfliegt.*
⑧ *Sand auf dem Boden hält die Krallen scharf und den Käfig sauber.*
⑨ *Spielzeug (Spiegel, Glöckche*

*Warmer, trockener Schlafraum*

Die beste Unterkunft für Wellensittiche ist eine solche Gartenvoliere. Hier können viele Vögel fast wie in der Wildnis zusammenleben und haben genügend Raum zum Fliegen. Natürlich brauchst du viel Platz dafür, und es kostet auch einiges, so eine Voliere zu bauen.

# Rennmäuse, Hamster, Mäuse und Ratten

Junge
Farbratte →

Rennmäuse brauchen viel Erde oder Sägemehl zum Eingraben. Das beste für sie ist ein großes Aquarium, das mit Torf und Stroh gepolstert ist.

Ratten, Mäuse und Rennmäuse klettern gern an Leitern und Ästen. Obstbaumzweige eignen sich gut dafür.

In einem solchen Käfig kannst du Rennmäuse, Hamster oder Mäuse halten. Ratten brauchen einen Käfig, der drei- bis viermal so groß ist wie dieser. Metallkäfige sind kalt und rosten. Holzkäfige sind wärmer, müssen aber aus hartem Holz sein, sonst nagt sich das Tier einen Durchschlupf.

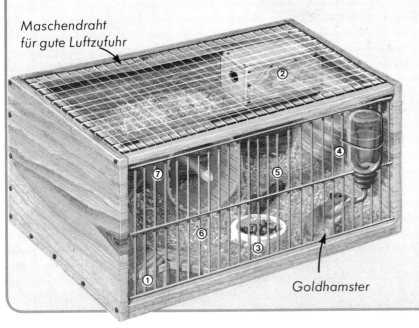

Maschendraht
für gute Luftzufuhr

Goldhamster

① Rampen, Bretter und Leitern zum Herumtollen und Spielen
② Nistkasten aus Holz
③ Schwerer Futternapf
④ Wasserflasche
⑤ Ein Stück hartes Holz zum Nagen, damit die Zähne nicht zu lang werden.
⑥ Viel Sägespäne zum Warmhalten und zum Aufsaugen der Ausscheidungen
⑦ Geschlossenes Laufrad

# Stall und Freigehege

Meerschweinchen und Kaninchen leben in Ställen. Der Stall sollte aus starkem Holz gebaut sein und feste Scharniere und Riegel haben. Er kann draußen stehen, muß aber vor Wind und praller Sonne geschützt sein. Wird es draußen sehr kalt, dann bring ihn in einen trockenen, gut gelüfteten Schuppen. Nicht in eine Garage stellen, die Auto-Abgase sind giftig!

Schräges Dach, damit der Regen ablaufen kann.

Warmer, trockener Schlafplatz

Größerer Raum zum Herumlaufen. Den Boden mit Zeitungen und Sägemehl bedecken.

Heukorb, damit das Tier nicht sein Futter zertrampelt.

Abschließbare Tür aus festem Holz

Wasser-flasche

Heu und Sägemehl für den Schlafplatz.

Salz-Leckstein

Hohe Beine schützen vor Bodenfeuchtig-keit und fremden Tieren. Außerdem ist der Stall so bequem zu reinigen.

Freßnapf aus Stein, der nicht so leicht umkippt.

Ast zum Nagen, damit die Zähne nicht zu lang werden.

Tür mit Maschen-draht bespannt

Meerschweinchen und Kaninchen brauchen zum Auslauf ein Frei-gehege. Stelle es aber nicht in die pralle Sonne oder in den Wind und weit weg von giftigen Pflanzen! Für Kaninchen mußt du einen Boden aus Maschendraht anbringen, sonst gräbt es sich unten durch.

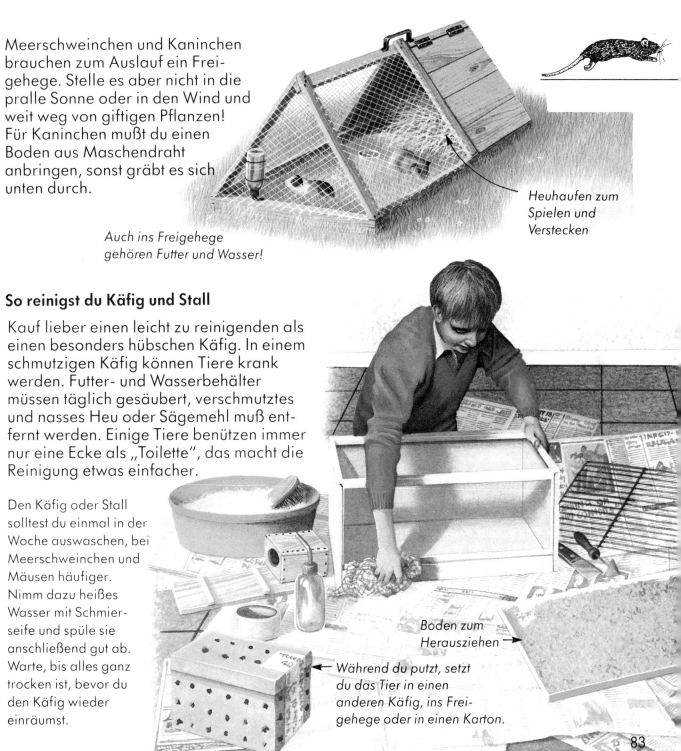

*Heuhaufen zum Spielen und Verstecken*

*Auch ins Freigehege gehören Futter und Wasser!*

## So reinigst du Käfig und Stall

Kauf lieber einen leicht zu reinigenden als einen besonders hübschen Käfig. In einem schmutzigen Käfig können Tiere krank werden. Futter- und Wasserbehälter müssen täglich gesäubert, verschmutztes und nasses Heu oder Sägemehl muß ent-fernt werden. Einige Tiere benützen immer nur eine Ecke als „Toilette", das macht die Reinigung etwas einfacher.

Den Käfig oder Stall solltest du einmal in der Woche auswaschen, bei Meerschweinchen und Mäusen häufiger. Nimm dazu heißes Wasser mit Schmier-seife und spüle sie anschließend gut ab. Warte, bis alles ganz trocken ist, bevor du den Käfig wieder einräumst.

*Boden zum Herausziehen* →

← *Während du putzt, setzt du das Tier in einen anderen Käfig, ins Frei-gehege oder in einen Karton.*

# Was Kleintiere fressen

Kleintiere brauchen nahrhaftes, gesundes Futter, wenn sie gut wachsen und gesund bleiben sollen. Gekauftes Gemüse und Obst solltest du gründlich waschen, da es oft mit giftigen Spritzmitteln behandelt ist. Gib stets frisches Futter; verdorbenes Futter macht dein Tier krank. Abwechslungsreiche Kost ist wichtig!

*Futternäpfe müssen schwer sein, damit sie nicht leicht umkippen. Wasche sie täglich aus!*

*Alle Kleintiere brauchen täglich frisches Trinkwasser. Flaschen sind besser als Schüsseln, die schnell schmutzig werden und leicht umkippen können. Schau jeden Tag nach, ob die Flasche sauber und in Ordnung ist, und fülle frisches Wasser nach!*

Hier sind einige Wildkräuter, die sich als Futter für Kleintiere eignen. Achte auf die richtigen, es gibt auch giftige Pflanzen!

*Kreuzkraut*

*Vogelmiere*

*Klee*

*Löwenzahn*

Gib deinem Tier tagsüber zum Knabbern Grünzeug wie Salatblätter, Brunnenkresse, Spinat, Karotten und Äpfel sowie ein paar Wildkräuter.

Ab und zu darfst du ihm auch Leckereien wie Rosinen, Nüsse, Sonnenblumenkerne oder kleine Hundekuchen geben. Bonbons und Schokolade dagegen sind schädlich und verursachen Krankheiten.

## Wellensittiche

Wildlebende Wellensittiche fressen Grassamen und Grünpflanzen. Du bekommst Sittichfutter in Tierhandlungen und Supermärkten. Da Wellensittiche keine Zähne haben, brauchen sie Vogel-Grit (Vogelsand). Damit zermahlen sie ihr Futter.

Wellensittiche öffnen mit ihrem kräftigen Schnabel die Samenhülle und schlucken den Kern. Dabei fallen die Schalen oft in den Napf zurück. Puste sie ab und zu vorsichtig weg, damit die Samen darunter wieder frei werden.

Grit-Schüssel

Wellensittiche knabbern den ganzen Tag über Samen – fülle die Schale täglich auf!

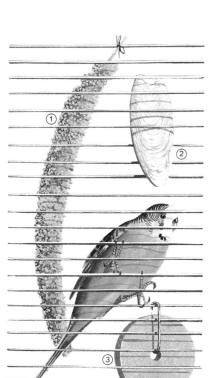

① Hänge einmal in der Woche frische Kolbenhirse in den Käfig. Laß sie nicht zu lange dort hängen!

② Wellensittiche brauchen Sepiaschale als Kalkspender. Sie wetzen auch ihren Schnabel daran.

③ Hänge im Käfig auch einen Sittichring mit tropischer Baumrinde als Zusatzfutter auf.

Füttere Leckereien zweimal wöchentlich in einer besonderen Schüssel. Gib deinem Vogel auch etwas Grünzeug und geriebene Äpfel oder Karotten.

85

# Was Kleintiere fressen (Fortsetzung)

## Rennmäuse

Rennmäuse solltest du hauptsächlich mit trockenen Hafer-, Mais-, Gersten- und Weizenkörnern füttern. In Tierhandlungen und Supermärkten gibt es fertige Körnermischungen. Als Leckereien eignen sich Sonnenblumenkerne oder Corn-flakes. Auch ganz kleine Mengen von frischem Grünfutter sind gut. Du kannst auch ein Grasbüschel in den Käfig stellen.

## Goldhamster

Die beste Zeit, um deinen Hamster zu füttern, ist am Abend. Du kannst fertige Körnermischungen kaufen. Gib ihm täglich genügend frisches Grünzeug, aber keine Zwiebeln, Orangen oder Zitronen. Auch kannst du ihm ab und zu eine Mischung aus Essensresten füttern. Laß dich vom Tierarzt beraten.

*Die Rennmaus hält das Futter mit den Vorderpfoten fest. Wenn du sie mit der Hand fütterst, wird sie bald zahm.*

*Hamster schieben das Futter mit den Vorderpfoten in die Backentaschen und holen es später wieder hervor. Füttere keine Körner mit spitzen Schalen: Daran kann sich der Hamster die Backen verletzen.*

*Hamster legen sich in einer Ecke des Käfigs einen Vorrat an – leg ihn wieder zurück, wenn du den Käfig saubergemacht hast. Wirf aber altes und verdorbenes Futter weg!*

## Mäuse und Ratten

Mäuse und Ratten fressen das gleiche und mögen viele kleine Mahlzeiten täglich. Ratten brauchen mehr Futter als Mäuse. Gib ihnen Körnermischungen und zwei- bis dreimal in der Woche frisches Grünzeug. Leckereien sind für sie Käse, Äpfel oder Karotten.

## Meerschweinchen und Kaninchen

Diese beiden Tiere solltest du täglich zweimal füttern. Gib ihnen Körner und fertige Körnermischungen. Sie brauchen viel frisches Gemüse, wie Karotten und Kohl, und täglich frisches Heu. Zur Abwechslung kannst du das Futter in Milch oder Wasser einweichen. Beim Tierarzt oder Kleintierzüchterverein bekommst du Ratschläge zur Ernährung.

← Kaninchen

Meerschweinchen sind gefräßig. Wenn sie nicht genug Bewegung haben, werden sie dick. Sie brauchen auch viel Vitamin C im Futter (Äpfel, Kohl), damit sie gesund bleiben.

Mäuse fressen gern Körnermischungen.

# So wird dein Kleintier zutraulich

Kleintiere werden schnell zahm und lassen sich in die Hand nehmen, wenn du sie früh daran gewöhnst. Sprich ruhig, damit das Tier mit deiner Stimme vertraut wird.

Sobald du das Tier einige Tage zu Hause hast, kannst du es anfassen und in die Hand nehmen. Achte darauf, daß es wach ist und dich schon bemerkt hat. Strecke ihm dann deine Hand vorsichtig entgegen und laß es daran schnuppern. Mach keine plötzlichen, ruckartigen Bewegungen, sonst beißt es dich vielleicht. Hat das Tier keine Angst mehr vor deiner Hand, kannst du es anfassen.

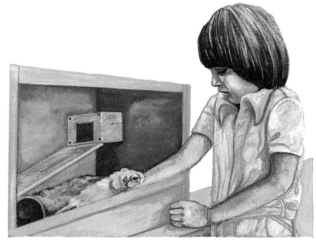

## Wellensittiche

Wenn der Vogel deine Hand kennt, halte deinen Finger an seine Sitzstange. Warte, bis er auf deinen Finger hüpft. Bewege deine Hand langsam durch den Käfig und sprich ruhig mit dem Tier. Nach etwa einer Woche kannst du den Vogel so aus dem Käfig tragen und fliegen lassen.

Einen Vogel nimmt man so in die Hand. Aber tu das nur, wenn es nötig ist, und sei sehr vorsichtig, damit du ihn nicht verletzt. Bitte notfalls einen Erwachsenen um Hilfe.

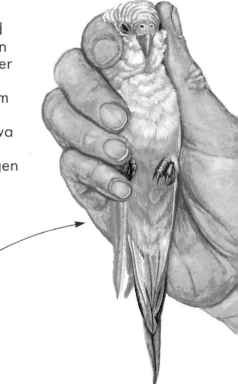

## Rennmäuse, Hamster, Mäuse, Ratten, Meerschweinchen und Kaninchen

Sobald ein Tier zahm ist, solltest du es täglich in die Hand nehmen; aber nicht zu lange, sonst wird es müde. Halte es vorsichtig fest, aber drück es nicht, sonst verletzt du es.

*Halte den Schwanz hier fest. Nimm das Tier aber nie an der Schwanzspitze auf!*

Bei Rennmäusen, Hamstern, Mäusen, Ratten und jungen Kaninchen greifst du mit einer Hand über den Rücken und hebst das Tier auf die andere Hand. Du kannst es auch mit beiden Händen wie mit einer Baggerschaufel aufnehmen.

Rennmäuse und andere Mäuse kannst du am breiten Schwanzanfang hochheben. Schiebe dann schnell eine Hand unter den Körper, um das Gewicht aufzufangen. Laß das Tier nicht am Schwanz hängen!

*Heb ein Kaninchen nie an den Ohren hoch!*

Wenn du ein Meerschweinchen hochnehmen willst, schiebe eine Hand unter seinen Körper und stütze ihn mit der anderen Hand. Laß es auf einer Hand liegen oder stehen, so daß es sich sicher fühlt.

Ein Kaninchen hebt man immer rückwärts in den oder aus dem Stall, für den Fall, daß es wegspringt oder strampelt. Halte es an deinen Körper und stütze es mit beiden Armen.

# Spiele mit Kleintieren

Kleintiere brauchen Spielzeug und viel Beschäftigung, sonst langweilen sie sich und sind unglücklich. Hat sich dein Tier bei dir eingewöhnt, laß es täglich für kurze Zeit aus dem Käfig. Schließe vorher alle Fenster und Türen. Achte darauf, daß sich keine Katze und kein Hund im Raum befinden.

Sobald der Wellensittich so zahm ist, daß er sich auf deinen Finger setzt, kannst du ihn frei im Zimmer herumfliegen lassen. Wenn er wieder in den Käfig zurückkommen soll, hältst du den Finger hoch und rufst ihn leise beim Namen. Kommt er, trägst du ihn in den Käfig. Kommt er nicht, so verdunkle den Raum. Im Dunkeln fliegt er nicht mehr herum, und du kannst ihn leicht einfangen.

*Hänge deinem Vogel Spielzeug, zum Beispiel Leiter, Glöckchen und Spiegel, in den Käfig. Gib ihm aber nicht zuviel, damit das Tier noch genügend Platz hat.*

### Sprechübungen für Wellensittiche

Es kann Wochen oder Monate dauern, bis dein Wellensittich sprechen lernt. Beginne mit seinem Namen: Sage ihn dem Vogel immer wieder ganz deutlich vor. Sprich mit ihm, sobald du in seiner Nähe bist. Bald wird er nachahmen, was du ihm vorsagst.

Manche Kleintiere wollen dich genau untersuchen, wenn sie dich gut kennen.

Rennmäuse, Hamster, Mäuse, Ratten, Meerschweinchen und Kaninchen kundschaften gern alles aus und sind sehr flink. Wenn das Tier frei herumläuft, mußt du es dauernd beobachten. Es kann durch Löcher und Spalten verschwinden oder fängt an, Elektrokabel anzunagen. Du kannst es auch in einem großen Karton spielen lassen, dann hast du es besser im Auge.

*Rennmäuse springen, graben und klettern gern.*

*Hamster, Mäuse und Ratten spielen gern mit kleinen Schachteln, Papprollen, Papiertüten und Nüssen.*

*Ein Laufrad ist eine beliebte Beschäftigung für Kleintiere. Das Rad sollte allerdings geschlossen sein: Speichenräder mit Zwischenräumen sind gefährlich für Füße und Schwanz!*

*Als Spielhaus für Meerschweinchen eignet sich ein umgestülpter Karton. Schneide eine Türöffnung hinein.*

*Wenn du deinen Hamster, deine Maus oder Ratte nicht mehr findest, dann stell ein großes Glas oder eine Dose mit Futter auf den Boden und leg dich auf die Lauer. Wenn das Tier anfängt zu fressen, kannst du es einfangen.*

# Wenn dein Kleintier krank ist

Wenn man Kleintiere ordentlich versorgt, bleiben sie normalerweise gesund. Sie sollten in einem geräumigen, sauberen und warmen Käfig leben, vielseitige Kost und viel Beschäftigung und Zuwendung erhalten. Sobald du mit dem Tier vertraut bist, erkennst du, ob es ihm gutgeht. Prüfe seinen Zustand täglich.

Wenn du meinst, daß das Tier krank ist, bring es zum Tierarzt. Er kann dir sagen, was zu tun ist. Zu Hause mußt du es warm halten und in Ruhe lassen. Achte darauf, daß es immer frisches Futter und Wasser hat.

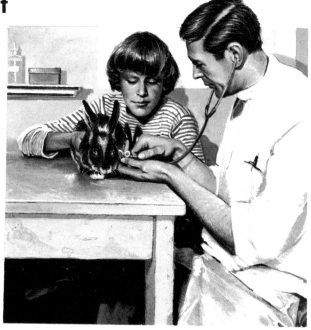

Ein kranker Wellensittich sitzt still, mit aufgeplusterten Federn, auf seiner Stange. Aber er tut das auch, wenn er friert oder müde ist.

Hat das Tier kleine Kratzer oder Bißwunden, bitte einen Erwachsenen, ein mildes Wundmittel aufzutragen. Bei größeren Verletzungen bringst du es zum Tierarzt.

Kaninchen-pfote

Zähne, Nägel und Schnabel wachsen manchmal zu lang, dann muß sie der Tierarzt beschneiden. Er kann auch einem Erwachsenen zeigen, wie man das macht.

Achte darauf, daß du den richtigen Puder für dein Tier kaufst!

Manchmal wird dein Tier von kleinen Schmarotzern, wie Flöhen, Zecken oder Läusen, befallen. Es gibt Puder und Sprays, um sie loszuwerden. Bitte einen Erwachsenen um Hilfe und befolge genau die Gebrauchsanweisung! Auch den Käfig mußt du gründlich reinigen.

## Pflegen und Sauberhalten

Kleintiere putzen sich täglich selbst und putzen sich auch gegenseitig. Dadurch halten sie ihr Fell oder Gefieder sauber und befreien sich von Parasiten (Schmarotzern).

Die meisten Wellensittiche plantschen gern in einem Vogelbad oder in einer Wasserschüssel herum. So halten sie ihr Gefieder sauber.

Kurzhaarige Meerschweinchen und Kaninchen lassen sich manchmal sehr gern bürsten, besonders während des Haarwechsels. Das Fell langhaariger Meerschweinchen muß täglich gebürstet werden, und zwar immer in Wuchsrichtung der Haare.

93

# Kleintiere und ihre Jungen

Kleintiere können jährlich viele Junge bekommen: ein Rattenpaar zum Beispiel bis zu 100. Es ist schwierig, so viele Tiere gut unterzubringen. Halte deshalb keine Weibchen und Männchen zusammen in einem Käfig. Zwar kann der Tierarzt einige Kleintiere operieren und unfruchtbar machen, aber das ist oft gefährlich, und manche Tiere sterben dabei.

### Wenn Wellensittiche brüten

Wellensittiche bauen selbst kein Nest. Züchter stellen deshalb Nistkästen in einen großen Käfig. Das Weibchen legt 4 bis 8 Eier in eine Mulde, täglich eins. Es sitzt auf den Eiern und dreht sie von Zeit zu Zeit um. Während das Weibchen die Eier ausbrütet, wird es vom Männchen gefüttert.

Nach dem Ausschlüpfen füttern die Eltern ihre Jungen mit einer dicken, milchigen Flüssigkeit, die sie selbst erzeugen. Bis das letzte Küken ausschlüpft, ist das erste oft schon recht dick. Wenn die Jungvögel etwas älter geworden sind, würgen die Eltern das Futter für sie aus ihrem Kropf.

*Frisch geschlüpfte Wellensittiche haben noch keine Federn – die beginnen erst nach etwa einer Woche zu wachsen.*

## Wenn Rennmäuse, Hamster, Mäuse, Ratten und Kaninchen Junge bekommen

Bei der Geburt sind die Jungen nackt, blind und taub. In den ersten Wochen saugen sie Milch bei ihrer Mutter. Das Nest darf nicht zerstört werden, sonst tötet die Mutter vielleicht die Jungen. Nach einiger Zeit kann man die Jungen in eigene Käfige bringen.

*Neugeborene Hamster haben noch kein Fell. Es beginnt erst nach einer Woche zu wachsen.*

Rennmäuse sind gute Eltern. Ein Mäusepaar bleibt das ganze Leben lang zusammen, und beide Eltern versorgen die Jungen. Hamster- und Kaninchen-Weibchen müssen nach der Paarung vom Männchen getrennt werden, weil sie vielleicht einander angreifen.

*Junge Kaninchen haben noch ganz kurze Ohren.*

Das Kaninchen-Weibchen zupft sich etwas aus ihrem weichen Bauchfell aus, um damit das Nest zu polstern. Darin haben es die Jungen weich und warm. Der Mutter wächst das Fell wieder nach. Manchmal baut ein Weibchen auch ein Fellnest, wenn es gar keine Jungen erwartet.

### Junge Meerschweinchen

Neugeborene Meerschweinchen haben schon ein Fell. Sie können auch sehen und hören. Nach etwa einer Stunde laufen sie herum, und nach zwei Tagen fressen sie feste Nahrung.

# Bilderrätsel

Auf diesem Bild sind 13 Kleintiere versteckt.
Findest du sie alle?

# Vögel

## Spiele in diesem Teil

### Heuschrecken gesucht!

Manche Vögel fressen Heuschrecken. Findest du die 13 Heuschrecken, die auf den folgenden 22 Seiten versteckt sind?

**Daumenkino: So fliegt ein Vogel**

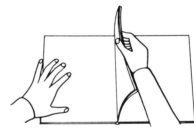

*Halte die Seiten 99 bis 120 so, wie es hier gezeigt ist.*

Blättere die Seiten schnell durch und achte dabei auf die rechte obere Ecke.

*Hier oben siehst du, wie der Vogel fliegt.*

# Vögel sind besondere Tiere

Ein Vogel ist wie ein kleines Flugzeug:

Seine günstige Körperform läßt ihn schnell durch die Luft gleiten.

Ein Vogel ist wie eine Fledermaus:

Er gebraucht seine Arme als Flügel.

*Rauchschwalbe*

Ein Vogel ist wie ein Gewichtheber: Er hat kräftige Arm- und Brustmuskeln.

Ein Vogel ist wie ein Ballon: Er hat viel Luft in seinem Körper.

Vögel sind die einzigen Tiere, die Federn haben.

Vögel haben drei Arten von Federn.

Flaumfedern:
Sie helfen dem Vogel,
sich warm zu halten.

Deckfedern:
Sie bedecken den Körper.

Schwungfedern:
Sie dienen dem Vogel zum Fliegen.

Graugans

Die
Flaum-
federn
stecken
unter den
Deck-
federn.

*Deckfedern*

*Schwungfedern*

Jedes Jahr
wächst den
Vögeln ein
neues
Federkleid.

Solange die neuen Schwungfedern
wachsen, kann eine Gans nicht fliegen.

Gänse-
küken

*Flaumfedern*

Vogelküken werden von den
Flaumfedern warm gehalten.

# Wie kommen Vögel in die Luft?

*Bienenfresser*

*Kolibri*

*Blaumeise*

Beim Abfliegen schwingen sich Vögel mit einem Satz in die Luft und schlagen sehr schnell mit den Flügeln.

*Höckerschwan*

Manche Vögel sind zu schwer, um sich in die Luft zu schwingen. Sie müssen zuerst Anlauf nehmen und dabei mit den Flügeln schlagen.

*Waldlaubsänger*

*Stockente*

*Waldkauz*

Steinadler

Adler breiten ihre großen
Flügel aus und gleiten
durch die Luft.

Große Vögel, zum Beispiel Adler, schlagen langsam mit den Flügeln.
Kleine Vögel schlagen sehr schnell mit den Flügeln.

Der Flügel hat zwei Gelenke
ähnlich wie ein Arm.

Flußseeschwalbe

Wenn Vögel beim Fliegen die Richtung ändern wollen, müssen sie ihre
Flügel in einem bestimmten Winkel abknicken und drehen. Wie unter-
schiedlich das aussehen kann, zeigen die Abbildungen auf dem Rand.

Eisvogel

Australischer
Kakadu

Albatros

Distelfink

101

# Wozu fliegen Vögel?

Um ihre Nester an hoch gelegenen Stellen zu bauen.

Um im Winter in wärmere Gegenden zu gelangen, wo es mehr Futter gibt.

Um in der Luft nach Nahrung zu schnappen.

Um von oben nach Nahrung auf dem Boden Ausschau zu halten.

Um vor Feinden zu flüchten.

# Wozu landen Vögel?

Um auf Bäumen
Nahrung zu suchen
oder auszuruhen.

Um auf
dem Boden
zu fressen.

Um zu trinken.

Um auszuruhen.

Um die Jungen
zu füttern.

Um die Eier
auszubrüten.

Um sich mit anderen
zu paaren.

# Was tun Vögel mit ihren Füßen?

Vögel gehen auf den Zehen.
Sie können gehen,
laufen oder hüpfen.

Papageien-
taucher

Vögel strecken beim Landen die Füße aus.
Wollen sie langsamer fliegen, dann
breiten sie auch Schwanz und Flügel aus.

Fußgelenk

Marabu

Star

Dieser Vogel ruht sich auf Ästen
aus. Er winkelt die Beine an und
krallt sich mit den Zehen am Ast fest.

Manche Vögel ruhen sich auf dem Boden aus.
Störche sitzen oft so da, wenn sie ausruhen.

Vögel stehen oft auf einem Bein.
Das andere Bein stecken sie
zum Wärmen unter die Federn.

*Bläßhuhn*

*Stockente*

Wasservögel haben Häute zwischen den Zehen. Dadurch können sie ihre Füße als Paddel benutzen und sinken nicht im Schlamm ein.

*Schnee-Eule*

Die Federn an den
Füßen verhindern,
daß die Schnee-Eule
im Schnee einsinkt.

Die Schnee-Eule hat Fänge so scharf wie Dolche: Sie tötet ihre Beute mit den Füßen.
Die Füße bleiben warm, weil sie ganz mit Federn bedeckt sind.

**Lachender
Hans**

*Elster*

# Was tun Vögel mit ihrem Schnabel?

Vögel haben keine Zähne, sie können ihre Nahrung also nicht kauen. Die Nahrung wird im ganzen hinuntergeschluckt und im Magen zerrieben.

*Schwarzer Milan*

"*Filter*"

*Löffelente*

Dieser Vogel zerreißt die Nahrung mit seinem Hakenschnabel.

Diese Ente benutzt ihren Schnabel als Filter. Sie sammelt winzige Pflanzen und Tiere direkt von der Wasseroberfläche auf.

*Pelikane*

*Kehlsack*

*Fichtenkreuz-
schnabel*

Der Pelikan schöpft mit seinem großen Schnabel Fische aus dem Wasser. Sein Schnabel faßt mehr Nahrung als sein Magen.

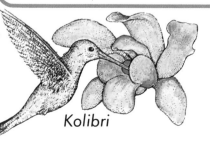

*Kolibri*

*Plattschweif-
sittich*

Vögel haben verschiedenartige Schnäbel, weil sie unterschiedliche Nahrung fressen. Diese Küstenvögel können zusammen auf Nahrungssuche gehen, weil sie nicht alle das gleiche fressen.

Uferschnepfen stochern mit ihrem Schnabel im Schlamm herum und suchen nach Kleintieren.

Brachvögel haben sehr lange Schnäbel. Sie fressen kleine Tiere, die tief im Schlamm eingegraben sind.

Der Säbelschnäbler schwingt seinen Schnabel bei der Nahrungssuche hin und her.

Steinwälzer greifen kleine Tiere, die unter Steinen oder Seetang leben.

Austernfischer können mit ihrem Schnabel Schalentiere, zum Beispiel Muscheln, öffnen.

Buntspecht

Blauer Staffelschwanz

Schleiereule

Pfeifente

107

# Was die Farben der Vögel bedeuten

Viele Vögel sind farblich an die Blätter und Äste der Bäume angepaßt, auf denen sie ausruhen. Dadurch werden sie von ihren Feinden nicht so leicht entdeckt.

Sieben Vögel sind auf diesem Bild versteckt. Findest du sie alle?

Froschmaul

Wenn Vögel auf den Eiern sitzen und brüten, müssen sie gut getarnt sein. Dieses brütende Ziegenmelkerweibchen ist zum Beispiel kaum zu erkennen.

Das australische Froschmaul schläft den ganzen Tag auf einem Baum. Der Vogel sitzt ganz still da, den Kopf hoch erhoben. Er sieht dann einem abgebrochenen Ast täuschend ähnlich.

Vögel können einander an ihren Farben erkennen.

Austernfischer leben in großen Gruppen zusammen. Fliegen einige Vögel zu einer neuen Futterstelle, dann folgen auch bald die anderen. Sie erkennen einander an ihren Farben und an den Schreien, die sie ausstoßen.

Weibchen

Männchen

Männchen und Weibchen der Stockente unterscheiden sich farblich voneinander. Während der Paarungszeit sehen die Erpel besonders farbenprächtig aus. In einem Balztanz stellen sie ihre leuchtenden Farben zur Schau, um ein Weibchen zur Paarung zu gewinnen.

# Vögel können singen und tanzen

Vor und während der Paarungszeit singen viele Vögel, meistens die Männchen.

*Amsel (Weibchen)*

Das Amselmännchen singt, um das Amselweibchen anzulocken.

Amselmännchen singen auch, um anderen Amselmännchen mitzuteilen: „Bleibt weg aus meinem Revier!"

*Waldkauz*

Eulen stoßen Schreie aus, um einander in der Dunkelheit zu finden.

Vor der Paarung führt der Täuberich dem Weibchen einen Tanz vor:
Er dreht sich im Kreis und gurrt dabei laut.

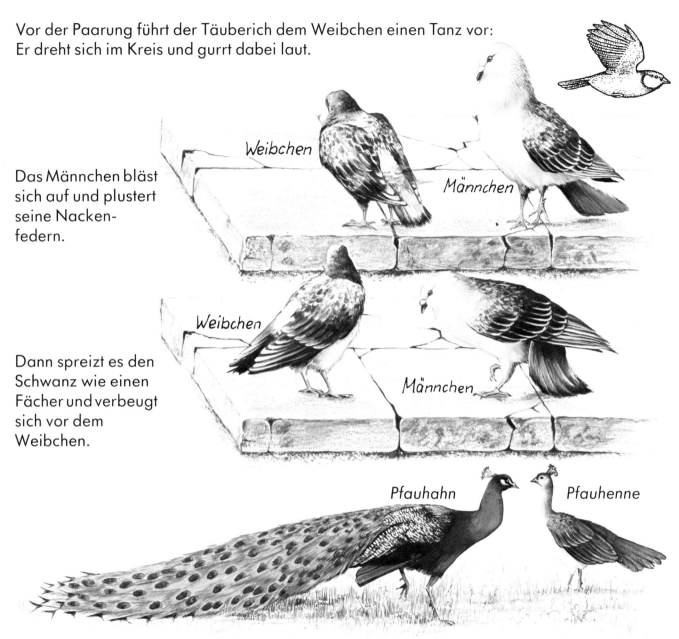

Das Männchen bläst
sich auf und plustert
seine Nacken-
federn.

Weibchen

Männchen

Dann spreizt es den
Schwanz wie einen
Fächer und verbeugt
sich vor dem
Weibchen.

Weibchen

Männchen

Pfauhahn

Pfauhenne

Der Pfau führt seine langen, farbenprächtigen Federn in einem Tanz vor,
mit dem er das Weibchen anlocken will. Wenn die Paarungszeit vorüber ist,
fallen die langen Federn aus.

111

*Eier der Trottellumme*

*Eier des Austernfischers*

# Vom Vogelei zum Küken

Bald nach der Paarung legt das Vogelweibchen Eier. Wenn es alle Eier im Körper behielte, bis die Jungen schlüpfen, wäre es wahrscheinlich zu schwer zum Fliegen.

Die Flußseeschwalbe legt ihre Eier auf dem Boden ab. In jedem Ei wächst eine junge Flußseeschwalbe heran.

Die Eier sind farblich der Umgebung angepaßt. Feinde können die Eier nur schlecht erkennen.

Wenn die jungen Flußsee- schwalben ausschlüpfen, sind sie mit wärmenden Flaumfedern bedeckt.

Ist ein Feind in der Nähe, ducken sich die Küken, so daß man sie kaum sehen kann.

*Eier der Saatkrähe*

*Eier der Eiderente*

Die meisten Vögel bauen Nester. Das Nest schützt die Eier und die geschlüpften Jungvögel vor Feinden und hält sie warm. Werden die Eier kalt, dann sterben die jungen Vögel. Deshalb sitzt fast immer ein Altvogel auf den Eiern, um sie warm zu halten.

*Singdrosseln*

Das Drosselweibchen wird vom Männchen gefüttert, während es auf den Eiern sitzt.

Drosselküken sind noch nackt und haben geschlossene Augen, wenn sie schlüpfen. Sie werden von den Eltern versorgt.

*Felsentimalie*

*Pirol-Eier*

*Kolibri-Eier*

*Eisvogel vor der Bruthöhle*

113

# Vogelkinder

*Sing- drossel*

Singdrosseln suchen in ihrem Brutrevier, also in der Nähe ihres Nestes, nach Futter.

Junge Singdrosseln bleiben so lange im Nest, bis sie fast alle Federn haben. Das dauert etwa zwei Wochen.

Junge Vögel sind immer hungrig. Wenn die Eltern auf dem Nest landen, sperren die Jungvögel ihre Schnäbel auf und gieren laut nach Futter. Die leuchtenden Farben im Inneren der Schnäbel regen die Eltern zum Füttern an.

Ganz junge Silbermöwen picken am roten Schnabel- fleck der Eltern, um Futter zu bekommen.

Etwas ältere Silbermöwen picken in den Schnabelwinkel der Eltern.

Silbermöwen fliegen oft weit, um Futter für die Jungen zu suchen. Das Futter, das sie gesammelt haben, schlucken sie hinunter. Wenn sie zurückkommen, würgen sie es für die Jungen wieder heraus.

Gänseküken lernen von den Eltern, wie man etwas zu fressen findet.

Die Küken sitzen auf dem Rücken der Mutter, wenn sie frieren oder müde sind.

Kurz nach dem Ausschlüpfen können Gänseküken schon schwimmen. Vor Feinden flüchten sie ins Wasser.

Bei jungen Gänsen dauert es etwa sechs Wochen, bis sie alle Federn haben. Sie können dann zwar schon fliegen, aber sie müssen noch lernen, sich in der Luft zu drehen und zu wenden. Auch starten und landen üben sie immer wieder.

# Wie sich Vögel erholen und pflegen

In der Nacht suchen sich die meisten Vögel einen geschützten Platz zum Ausruhen. Sie fliegen nicht gern in der Nacht, weil sie im Dunkeln nicht gut sehen.

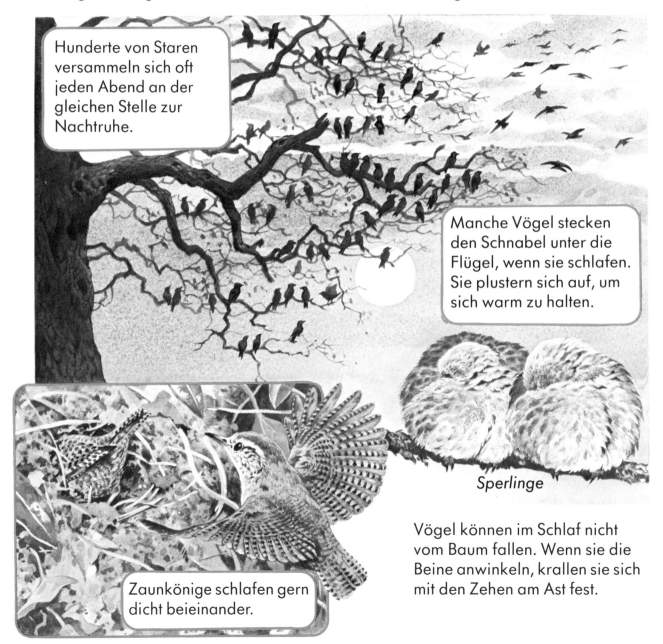

Hunderte von Staren versammeln sich oft jeden Abend an der gleichen Stelle zur Nachtruhe.

Manche Vögel stecken den Schnabel unter die Flügel, wenn sie schlafen. Sie plustern sich auf, um sich warm zu halten.

Sperlinge

Zaunkönige schlafen gern dicht beieinander.

Vögel können im Schlaf nicht vom Baum fallen. Wenn sie die Beine anwinkeln, krallen sie sich mit den Zehen am Ast fest.

Alle Vögel putzen regelmäßig ihr Gefieder. Die meisten Vögel fetten auch ihre Federn ein, um sie geschmeidig und wasserabstoßend zu machen.

*Silbermöwen*

Vögel pressen mit dem Schnabel Fett aus einer Drüse, die direkt über dem Schwanz liegt.

*Bürzeldrüse*

*Unzertrennliche*

Manche Vögel putzen sich gegenseitig.

*Singdrossel*

Viele Vögel baden gern.

# Vögel, die nicht fliegen können

Der Strauß ist der größte Vogel auf der Erde. Er hat nur kleine Schwungfedern und ist zu schwer zum Fliegen. Der Strauß kann vor seinen Feinden nicht wegfliegen, er schützt sich auf andere Weise.

Pinguine können mit ihren Flügeln nicht fliegen. Was tun sie dann damit?

Pinguine benutzen ihre Flügel als Flossen. Sie können auf dem Wasser und unter Wasser sehr schnell schwimmen.

Sie halten mit den Flügeln das Gleichgewicht.

Diese Pinguine fangen Fische.

Pinguine tragen ihre Streitigkeiten mit Flügeln und Schnäbeln aus.

Pinguine können aus dem Wasser springen.

*Felsenpinguine*

# Bilderrätsel

Auf diesem Bild sind 13 Vögel versteckt.
Findest du sie alle?

# Insekten

## und andere kleine Tiere

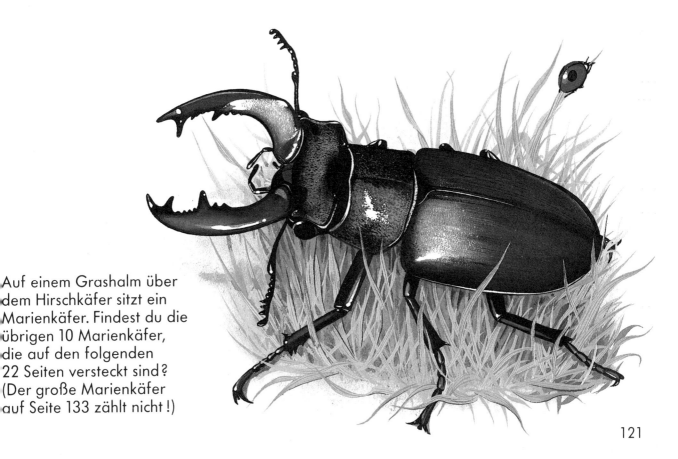

Auf einem Grashalm über dem Hirschkäfer sitzt ein Marienkäfer. Findest du die übrigen 10 Marienkäfer, die auf den folgenden 22 Seiten versteckt sind? (Der große Marienkäfer auf Seite 133 zählt nicht!)

# Insekten und andere Tiere, die krabbeln und kriechen

Die Tiere, die in diesem Teil des Buches beschrieben sind, haben keine Wirbelsäule in ihrem Körper. Man nennt sie daher „Wirbellose". Die meisten Arten der wirbellosen Tiere sind Insekten, aber nicht alle. Auf diesen zwei Seiten findest du die sechs Gruppen der Wirbellosen, die auf dem Land leben.

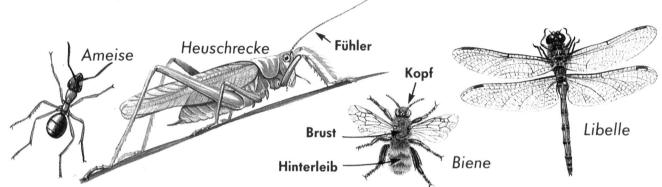

Diese vier Tiere gehören zu verschiedenen Insektenarten – es gibt noch einige hundert-tausend andere Arten! Alle ausgewachsenen Insekten haben sechs Beine und drei Körper-abschnitte: Kopf, Brust und Hinterleib. Am Kopf sind zwei Fühler, die man auch „Antennen" nennt. Die meisten Insekten tragen zumindest während einiger Zeit ihres Lebens Flügel.

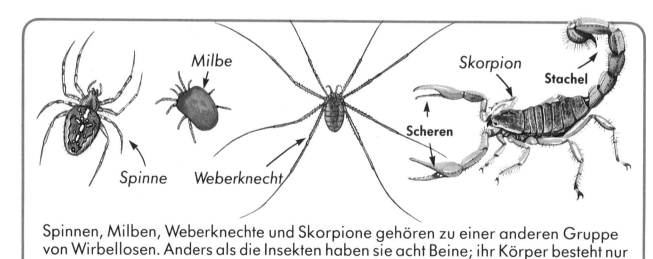

Spinnen, Milben, Weberknechte und Skorpione gehören zu einer anderen Gruppe von Wirbellosen. Anders als die Insekten haben sie acht Beine; ihr Körper besteht nur aus einem oder zwei Abschnitten. Sie haben keine Flügel.

Tausendfüßer und Hundertfüßer haben mehr Beine als alle anderen Tiere.

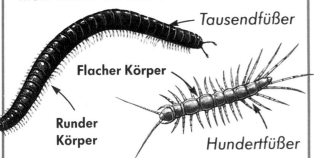

*Tausendfüßer*

**Flacher Körper**

**Runder Körper**

*Hundertfüßer*

Ihr Körper besteht aus einem Kopf und vielen Körperringen, den Segmenten. Die meisten Hundertfüßer haben 30 Beine, manche Tausendfüßer haben bis zu 700. Beide haben Fühler.

Asseln haben einen flachen Körper, der in einige Segmente gegliedert ist.

*Assel*

*Rollassel*

Sie haben 14 Beine, die zum Gehen benutzt werden, und zwei, die zur Nahrungsaufnahme dienen. Rollasseln können sich zu einer festen Kugel zusammenrollen, aus der nur noch die Augen hervorschauen.

Ringelwürmer haben, ähnlich wie Hundert- und Tausendfüßer, einen Körper aus vielen Segmenten.

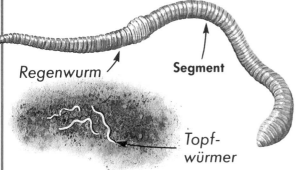

*Regenwurm*

**Segment**

*Topfwürmer*

Sie haben allerdings keinen deutlich erkennbaren Kopf, keine Fühler und keine Beine, jedoch eine Mundöffnung am Vorderende.

Nacktschnecken und Gehäuseschnecken gehören zu einer weiteren Gruppe von Wirbellosen.

*Nacktschnecke*

*Gehäuseschnecke*

**Schale ("Gehäuse")**

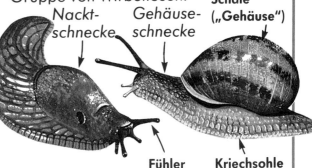

**Fühler**

**Kriechsohle**

Beide kriechen auf einer Kriechsohle und haben ein oder zwei Paar Fühler. Gehäuseschnecken tragen ein Haus, Nacktschnecken haben kein Gehäuse.

# Wie Insekten sich fortbewegen

Viele Insekten können fliegen. Sie haben dazu ein oder zwei Paar Flügel. Einige Insekten fliegen sehr schnell. Eine Libelle bringt es auf 40 Kilometer in der Stunde.

Käfer haben zwei Flügelpaare.

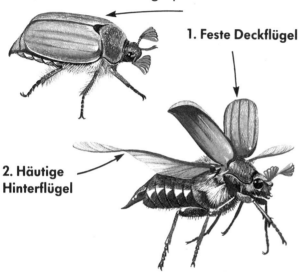

**1. Feste Deckflügel**

**2. Häutige Hinterflügel**

Bienen fliegen mit beiden Flügelpaaren. Es sieht aber wie ein Flügelpaar aus, weil Vorder- und Hinterflügel durch Häkchen miteinander verbunden sind.

**Häkchen**

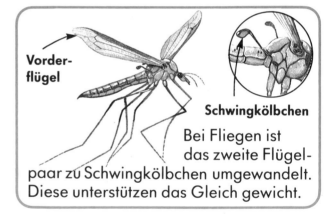

**Vorderflügel**

**Schwingkölbchen**

Bei Fliegen ist das zweite Flügelpaar zu Schwingkölbchen umgewandelt. Diese unterstützen das Gleichgewicht.

Käfer fliegen meist nur mit den Hinterflügeln. Sie halten die Deckflügel ausgebreitet und bewegen die häutigen Hinterflügel rasch auf und ab.

## So werden die Flügel im Flug bewegt

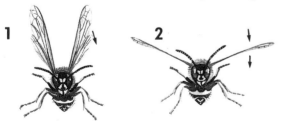

1  2  3  4

Beim Abwärtsschlag drücken die Flügel die Luft nach hinten und unten weg. Dadurch entstehen Vortrieb und Auftrieb.

Auch beim Aufwärtsschlag entstehen Vortrieb und Auftrieb.

# Laufen, springen und kriechen

Diese Spannerraupe macht einen Buckel und zieht die hinteren Beine bis an die vorderen Beine heran. Dann läßt sie die vorderen Beine los und streckt sich.

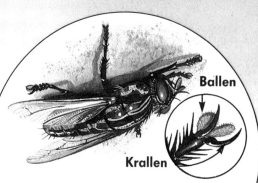

**Ballen**

**Krallen**

Fliegen haben Haftballen und Krallen an ihren Füßen. Dadurch können sie kopfunter an der Decke laufen.

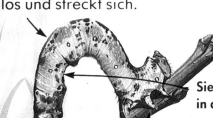

**Sie hat keine Beine in der Körpermitte.**

**Vordere Beine**

**Hintere Beine**

Eine Feldheuschrecke kann 20mal so weit springen, wie sie lang ist. Wenn sie dabei ihre Flügel ausbreitet, schwebt sie noch weiter.

**Lange, kräftige Hinterbeine**

Viele Raupen haben an den meisten Körpersegmenten ein Beinpaar. Sie bewegen die Beinpaare immer nacheinander.

**Das Vorderende bewegt sich vorwärts.**

**Kleine Borsten verhindern ein Zurückrutschen.**

Regenwürmer machen beim Kriechen die Muskeln ihrer Körperringe einmal lang und dünn und dann wieder kurz und dick.

125

# Wie wirbellose Tiere sich ernähren

Die vielen verschiedenen Arten von wirbellosen Tieren ernähren sich auf ganz unterschiedliche Weise. Manche fressen pflanzliche Nahrung, andere tierische oder beides. Einige Wirbellose sind Blutsauger.

Schmetterlinge saugen mit ihrem Rüssel Nektar aus Blüten. Sie entrollen dabei ihren Rüssel wie eine aufblasbare Luftschlange.

Aufblasbare Luftschlange

Wenn der Falter nicht saugt, ist der Rüssel eingerollt.

Beißzange

Heuschrecken schneiden mit ihren Kiefern kleine Stücke Gras ab – wie mit einer Beißzange.

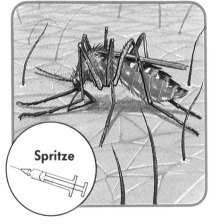

Spritze

Ein Stechmückenweibchen sticht in die Haut und saugt Blut heraus – wie mit einer Spritze.

Schwamm

Eine Fliege saugt mit ihren Mundwerkzeugen Säfte auf – wie mit einem Schwamm.

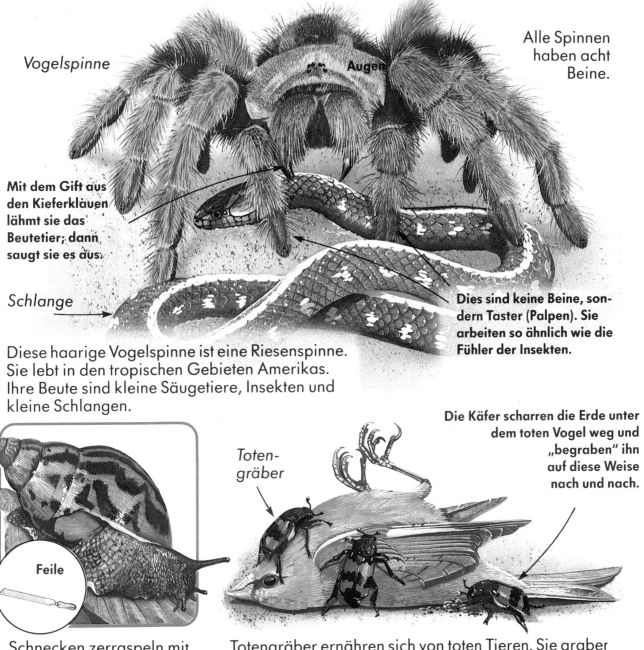

*Vogelspinne*

**Augen**

Alle Spinnen haben acht Beine.

**Mit dem Gift aus den Kieferklauen lähmt sie das Beutetier; dann saugt sie es aus.**

*Schlange*

**Dies sind keine Beine, sondern Taster (Palpen). Sie arbeiten so ähnlich wie die Fühler der Insekten.**

Diese haarige Vogelspinne ist eine Riesenspinne. Sie lebt in den tropischen Gebieten Amerikas. Ihre Beute sind kleine Säugetiere, Insekten und kleine Schlangen.

**Die Käfer scharren die Erde unter dem toten Vogel weg und „begraben" ihn auf diese Weise nach und nach.**

*Toten-gräber*

**Feile**

Schnecken zerraspeln mit ihrer Zunge Blätter, Früchte und Blüten – wie mit einer Feile.

Totengräber ernähren sich von toten Tieren. Sie graber eine Höhle und versenken die Tierleiche darin. Außerdem legen die Weibchen ihre Eier in dieser Höhle ab. Die Larven schlüpfen dann direkt neben der Nahrung.

# Wie Insekten sich schützen

Viele Tiere sind durch Farbe und Gestalt an ihre Umwelt angepaßt und dadurch getarnt. Wenn sie stillsitzen, sind sie manchmal kaum zu erkennen. Einige Insekten haben auffallende Farben, mit denen sie Feinde vor einer Berührung warnen. Andere bespritzen Feinde mit ätzenden oder giftigen Flüssigkeiten.

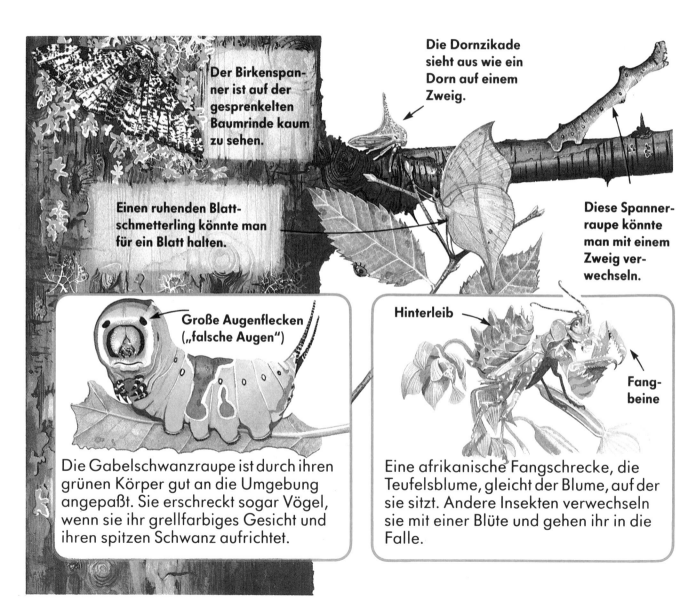

**Der Birkenspanner ist auf der gesprenkelten Baumrinde kaum zu sehen.**

**Die Dornzikade sieht aus wie ein Dorn auf einem Zweig.**

**Einen ruhenden Blattschmetterling könnte man für ein Blatt halten.**

**Diese Spannerraupe könnte man mit einem Zweig verwechseln.**

**Große Augenflecken („falsche Augen")**

**Hinterleib**

**Fangbeine**

Die Gabelschwanzraupe ist durch ihren grünen Körper gut an die Umgebung angepaßt. Sie erschreckt sogar Vögel, wenn sie ihr grellfarbiges Gesicht und ihren spitzen Schwanz aufrichtet.

Eine afrikanische Fangschrecke, die Teufelsblume, gleicht der Blume, auf der sie sitzt. Andere Insekten verwechseln sie mit einer Blüte und gehen ihr in die Falle.

*Karmin-
bärchen*

*Raupen des
Karminbärchens*

Rot-schwarz oder gelb-schwarz gefärbte Insekten schmecken meistens widerlich. Vögel lernen solche Tiere zu meiden.

**Säure**

Wenn eine Ameise angegriffen wird, richtet sie ihren Hinterleib auf den Feind und bespritzt ihn mit einer Säure.

Wird ein Bombardierkäfer bedroht, so schießt er heißes Gas aus Drüsen an seinem Hinterleib. Das Gas verpufft und reizt die Augen des Verfolgers. Das gibt dem Bombardierkäfer Gelegenheit zu fliehen. Auf diese Weise wehrt er sich gegen seine Feinde: andere Käfer, Ameisen, Spinnen, Frösche und Kröten.

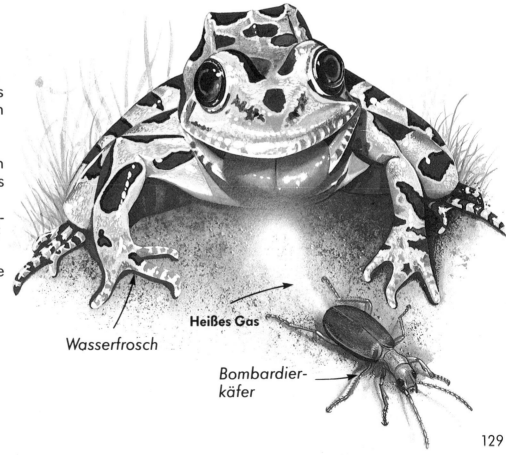

*Wasserfrosch*

**Heißes Gas**

*Bombardier-
käfer*

129

# Wie die Eier abgelegt werden

Die meisten Weibchen wirbelloser Tiere legen Eier. Diese sind gewöhnlich sehr klein. Die Eier werden einzeln oder in Gruppen abgelegt, und zwar fast immer dort, wo für die schlüpfende Larve Nahrung vorhanden ist. Wenn du dir in der freien Natur Grashalme oder Blätter genau ansiehst, wirst du bestimmt Insekteneier finden.

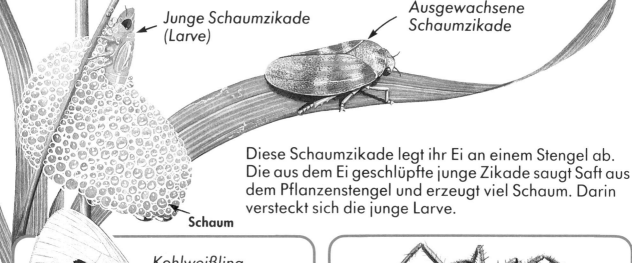

Junge Schaumzikade (Larve)

Ausgewachsene Schaumzikade

Schaum

Diese Schaumzikade legt ihr Ei an einem Stengel ab. Die aus dem Ei geschlüpfte junge Zikade saugt Saft aus dem Pflanzenstengel und erzeugt viel Schaum. Darin versteckt sich die junge Larve.

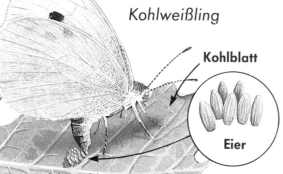

*Kohlweißling*

**Kohlblatt**

**Eier**

Ein Kohlweißlingsweibchen legt seine Eier an einem Blatt ab. Wenn die Raupen geschlüpft sind, fressen sie an dem Blatt. Das Weibchen fliegt davon und kümmert sich nicht mehr um sie.

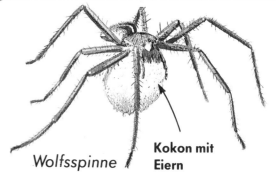

*Wolfsspinne*

**Kokon mit Eiern**

Dieses Wolfsspinnenweibchen hat einen seidenen Kokon für seine Eier gesponnen. Sie trägt ihn zwischen den Kiefern mit sich herum, bis die Jungen schlüpfen.

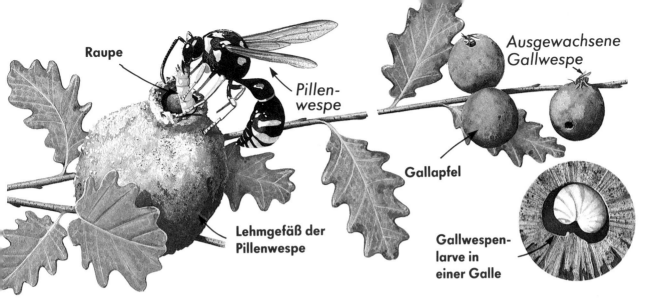

Raupe

Pillen-
wespe

Lehmgefäß der
Pillenwespe

Ausgewachsene
Gallwespe

Gallapfel

Gallwespen-
larve in
einer Galle

Die Pillenwespe baut ein Gefäß aus Lehm. Dann fängt sie Rüsselkäferraupen, lähmt sie und steckt sie in das Lehmgefäß. Sie legt ein Ei hinein und verschließt das Gefäß mit einem Lehmklümpchen. Die Larve ernährt sich dann von lebenden Raupen.

Ein Gallapfel entsteht, wenn eine Gallwespe ihr Ei in eine Eichenknospe legt. Das Pflanzengewebe rund um die Larve schwillt an und bildet die Galle. Die Wespenlarve frißt von dieser Galle, bis sie sich in eine erwachsene Gallwespe verwandelt.

Schnirkel-
schnecke

Eier

Eine Schnecke legt viele Eier in den Boden ab. Dann kriecht sie weiter und kümmert sich nicht weiter darum. Aus den Eiern schlüpfen winzig kleine Schnecken.

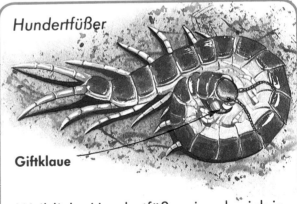

Hundertfüßer

Giftklaue

Weibliche Hundertfüßer ringeln sich in der Erde um ihre Eier und bewachen sie scharf. Jeder Angreifer wird mit den Giftklauen gebissen.

# Wie sich die Jungen entwickeln

Frisch aus dem Ei geschlüpfte wirbellose Tiere sehen oft noch ganz anders aus als ihre Eltern. Die Jungen ändern ihr Aussehen, spätestens kurz bevor sie erwachsen sind. Es gibt aber auch wirbellose Tiere, die ihren Eltern schon bei der Geburt gleichen.

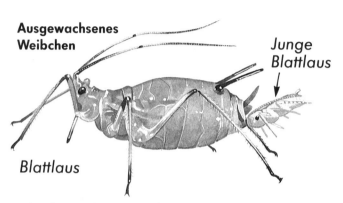

**Ausgewachsenes Weibchen**

*Junge Blattlaus*

*Blattlaus*

**Eier**

*Junge Schnecke*

Blattläuse legen nicht immer Eier. Sie können auch lebende Junge zur Welt bringen, ohne sich zuvor gepaart zu haben. Die winzigen Jungen sehen schon genauso aus wie ihre Mutter.

Schnecken legen Eier. Aus den Eiern schlüpfen winzige Schnecken, die so aussehen wie ihre Eltern. Wenn die junge Schnecke heranwächst, wächst ihr Haus mit.

*Heuschrecke*

**1** Ei — **Eier**

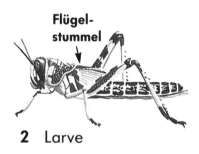

**Flügel-stummel**

**2** Larve

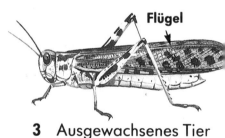

**Flügel**

**3** Ausgewachsenes Tier

Ein Heuschreckenweibchen legt seine Eier in feuchte, warme Erde und entfernt sich dann.

Die Larve sieht fast so aus wie eine ausgewachsene Heuschrecke, sie hat jedoch nur Flügelstummel.

Die Larve wächst heran und verwandelt sich in ein erwachsenes Tier mit Flügeln.

**1** Ei

Nach der Paarung legt das Marienkäfer-weibchen seine Eier auf ein Blatt ab.

**Eier**

**Schlüpfende Larve**

*Marienkäfer*

**4** Ausgewachsener Käfer

Die Puppenhaut reißt auf, und der erwachsene Marienkäfer arbeitet sich heraus. Er sucht sich einen Partner.

**Puppe**

**3** Puppe

Nach zwei bis fünf Wochen verwandelt sich die Larve in eine Puppe. In der Puppenhaut entsteht der erwachsene Marienkäfer.

**2** Larve

Aus jedem Ei schlüpft eine Larve. Die Larven sind gefräßig und wachsen schnell.

**Larve**

### Wie wirbellose Tiere wachsen

Die Haut der meisten wirbellosen Tiere ist nicht dehnbar. Damit das Tier wachsen kann, bildet es eine neue Haut unter der alten. Dann reißt die alte Haut hinter dem Kopf auf, und das Tier zwängt sich aus der alten Haut heraus.

**Das Tier schlüpft mit einer neuen Haut heraus.**

*Hundertfüßer*

**Kopf**

**Die alte Haut wird abgestoßen.**

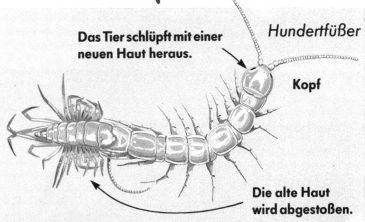

# Spinnen

Spinnen findet man an den verschiedensten Orten. Manche leben in Haus und Garten, andere auf Bergen oder in Wüsten. Die meisten der über 30000 Spinnenarten sind für den Menschen nützlich: Sie vertilgen eine Unmenge Fliegen und andere Schädlinge. Alle Spinnen haben acht Beine und können Fäden oder Netze spinnen.

Spinnfäden

„Rettungsseil"

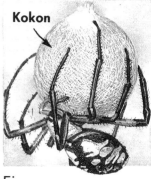

Kokon

Die Spinnseide wird in besonderen Drüsen im Hinterleib erzeugt.

Diese Spinne spinnt einen Faden als „Rettungsseil".

Hier wickelt eine Spinne ihre Beute in Spinnfäden ein.

Ein gesponnener Kokon schützt auch die Eier der Spinne.

Netz

Eine Kreuzspinne wartet auf Beute, die sich in ihrem Netz verfängt. Ihre Beine sind „geölt", so daß sie nicht in ihrem eigenen Netz hängenbleibt.

Diese kleine Krabbenspinne sieht fast so aus wie die Blüte, auf der sie sitzt. Insekten, die sich auf der Blüte niederlassen, werden von der Spinne gepackt.

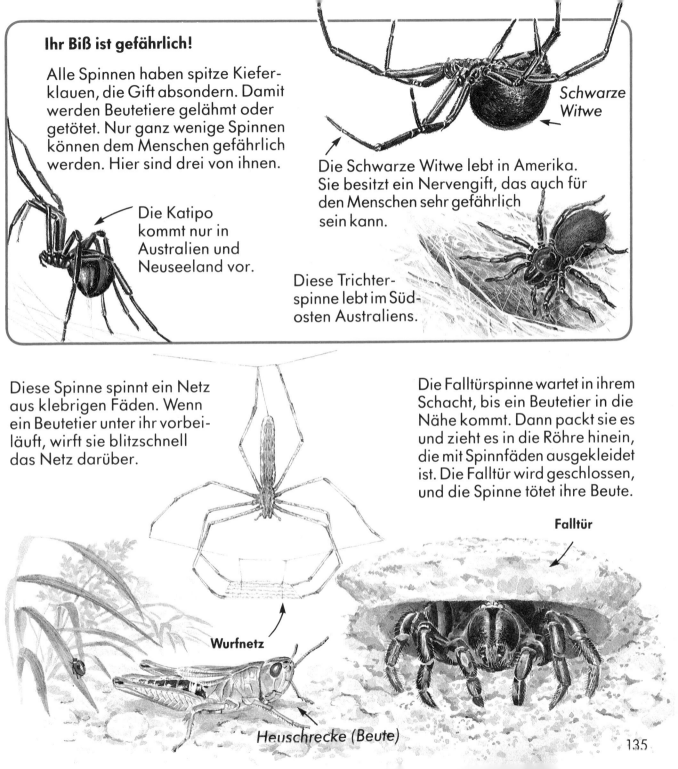

### Ihr Biß ist gefährlich!

Alle Spinnen haben spitze Kieferklauen, die Gift absondern. Damit
werden Beutetiere gelähmt oder
getötet. Nur ganz wenige Spinnen
können dem Menschen gefährlich
werden. Hier sind drei von ihnen.

*Schwarze
Witwe*

Die Katipo
kommt nur in
Australien und
Neuseeland vor.

Die Schwarze Witwe lebt in Amerika.
Sie besitzt ein Nervengift, das auch für
den Menschen sehr gefährlich
sein kann.

Diese Trichter-
spinne lebt im Süd-
osten Australiens.

Diese Spinne spinnt ein Netz
aus klebrigen Fäden. Wenn
ein Beutetier unter ihr vorbei-
läuft, wirft sie blitzschnell
das Netz darüber.

Die Falltürspinne wartet in ihrem
Schacht, bis ein Beutetier in die
Nähe kommt. Dann packt sie es
und zieht es in die Röhre hinein,
die mit Spinnfäden ausgekleidet
ist. Die Falltür wird geschlossen,
und die Spinne tötet ihre Beute.

**Falltür**

**Wurfnetz**

*Heuschrecke (Beute)*

135

# Schnecken

Schnecken gehören zu einer Tiergruppe, die man *Gastropoden* nennt. Das bedeutet „Bauchfüßer". Es gibt Schnecken mit und ohne Gehäuse.

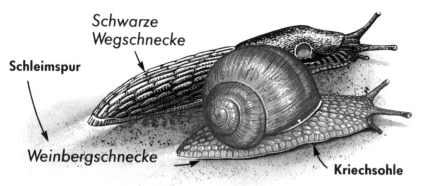

*Schwarze Wegschnecke*

**Schleimspur**

*Weinbergschnecke*

**Kriechsohle**

*Rote Wegschnecke*

Schnecken hinterlassen eine Schleimspur. Auf dem Schleim können sie sich mit ihrer Kriechsohle vorwärts schieben. Die Kriechsohle ist ein kräftiger Muskel.

Eine Schnecke kann über eine scharfe Klinge kriechen, ohne sich zu verletzen.

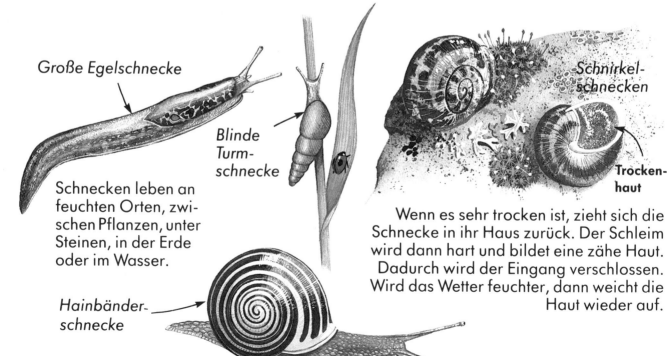

*Große Egelschnecke*

*Blinde Turm- schnecke*

*Schnirkel- schnecken*

**Trocken- haut**

Schnecken leben an feuchten Orten, zwischen Pflanzen, unter Steinen, in der Erde oder im Wasser.

*Hainbänder- schnecke*

Wenn es sehr trocken ist, zieht sich die Schnecke in ihr Haus zurück. Der Schleim wird dann hart und bildet eine zähe Haut. Dadurch wird der Eingang verschlossen. Wird das Wetter feuchter, dann weicht die Haut wieder auf.

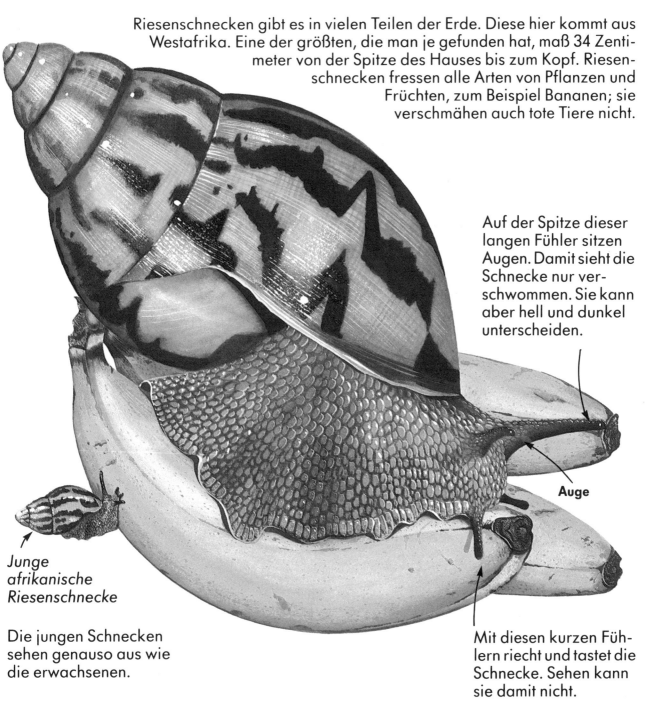

Riesenschnecken gibt es in vielen Teilen der Erde. Diese hier kommt aus Westafrika. Eine der größten, die man je gefunden hat, maß 34 Zentimeter von der Spitze des Hauses bis zum Kopf. Riesenschnecken fressen alle Arten von Pflanzen und Früchten, zum Beispiel Bananen; sie verschmähen auch tote Tiere nicht.

Auf der Spitze dieser langen Fühler sitzen Augen. Damit sieht die Schnecke nur verschwommen. Sie kann aber hell und dunkel unterscheiden.

Auge

*Junge afrikanische Riesenschnecke*

Die jungen Schnecken sehen genauso aus wie die erwachsenen.

Mit diesen kurzen Fühlern riecht und tastet die Schnecke. Sehen kann sie damit nicht.

137

# Käfer

Es gibt über 250000 Käferarten. Wenn du im Wald ein Holzstück umdrehst oder im abgefallenen Laub suchst, wirst du leicht einen Käfer finden.

Die meisten Käfer sind ziemlich klein. Nur wenige erreichen eine Größe wie diese beiden. Sie sind hier in Lebensgröße abgebildet.

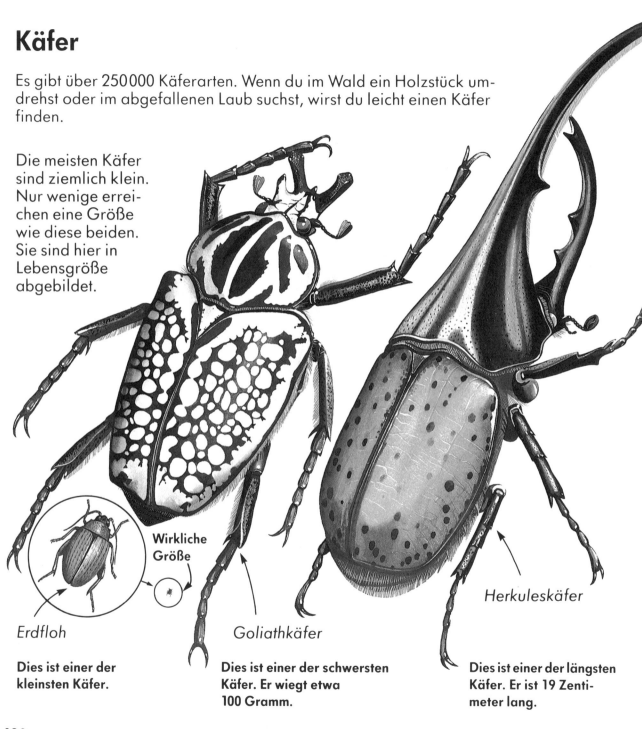

**Wirkliche Größe**

*Erdfloh*

**Dies ist einer der kleinsten Käfer.**

*Goliathkäfer*

**Dies ist einer der schwersten Käfer. Er wiegt etwa 100 Gramm.**

*Herkuleskäfer*

**Dies ist einer der längsten Käfer. Er ist 19 Zentimeter lang.**

## Nützliche Käfer

Diese Käfer wurden aus ihrer Heimat Australien nach Amerika gebracht. Sie fressen die Schildläuse auf, die an den Orangen- und Zitronenbäumen großen Schaden anrichten.

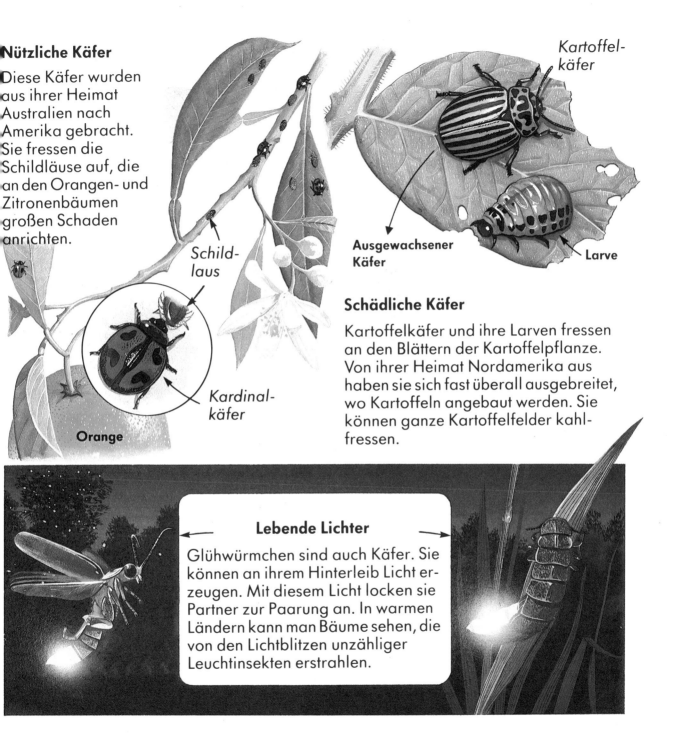

**Kartoffel-käfer**

**Ausgewachsener Käfer**

**Larve**

**Schild-laus**

**Kardinal-käfer**

**Orange**

## Schädliche Käfer

Kartoffelkäfer und ihre Larven fressen an den Blättern der Kartoffelpflanze. Von ihrer Heimat Nordamerika aus haben sie sich fast überall ausgebreitet, wo Kartoffeln angebaut werden. Sie können ganze Kartoffelfelder kahl-fressen.

### Lebende Lichter

Glühwürmchen sind auch Käfer. Sie können an ihrem Hinterleib Licht erzeugen. Mit diesem Licht locken sie Partner zur Paarung an. In warmen Ländern kann man Bäume sehen, die von den Lichtblitzen unzähliger Leuchtinsekten erstrahlen.

# Insekten, die in Staaten leben

Einige Insekten leben und arbeiten in großen Familienverbänden. Diese Verbände nennt man Insektenstaaten. Termiten, Ameisen, einige Bienen- und Wespenarten bilden solche Staaten. Manche Termitenarten errichten gewaltige Nester oder Bauten. Die meisten Termiten leben in warmen Ländern und ernähren sich von Holz.

## *Nester der Urwaldtermiten*

**Jedes Jahr wird ein weiteres „Dach" dazugebaut.**

**So sieht ein Termitennest im Schnitt aus.**

**Arbeiter**  **Soldat**

In einem Nest leben Tausende von Termiten. Dies sind Arbeiter und Soldaten.

Im tropischen Regenwald bauen die Termiten ein Dach über ihr Nest. Es wirkt wie ein Schirm. Auch bei heftigem Regen dringt kein Wasser ins Nest ein.

*Nest der Baumtermiten*

Im tropischen Amerika bauen einige Termitenarten ihre Nester auf Bäumen. Der Baumameisenbär angelt die Termiten mit seiner langen, klebrigen Zunge aus dem Nest.

**Die Königin legt Eier. Sie wird vom König befruchtet.**

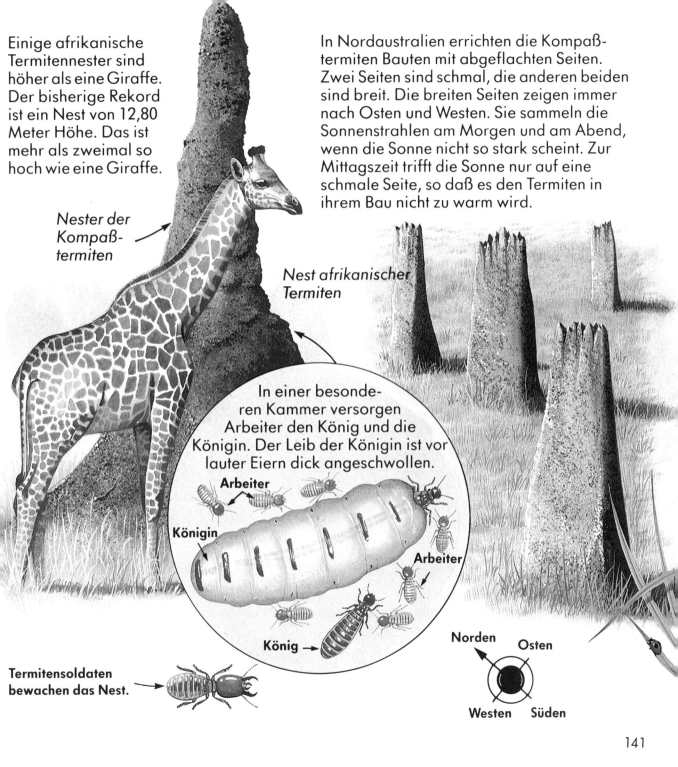

Einige afrikanische Termitennester sind höher als eine Giraffe. Der bisherige Rekord ist ein Nest von 12,80 Meter Höhe. Das ist mehr als zweimal so hoch wie eine Giraffe.

In Nordaustralien errichten die Kompaßtermiten Bauten mit abgeflachten Seiten. Zwei Seiten sind schmal, die anderen beiden sind breit. Die breiten Seiten zeigen immer nach Osten und Westen. Sie sammeln die Sonnenstrahlen am Morgen und am Abend, wenn die Sonne nicht so stark scheint. Zur Mittagszeit trifft die Sonne nur auf eine schmale Seite, so daß es den Termiten in ihrem Bau nicht zu warm wird.

Nester der Kompaßtermiten

Nest afrikanischer Termiten

In einer besonderen Kammer versorgen Arbeiter den König und die Königin. Der Leib der Königin ist vor lauter Eiern dick angeschwollen.

Arbeiter

Königin

Arbeiter

König →

Termitensoldaten bewachen das Nest.

Norden
Osten
Westen
Süden

141

# Erstaunliche Tatsachen über kleine Tiere

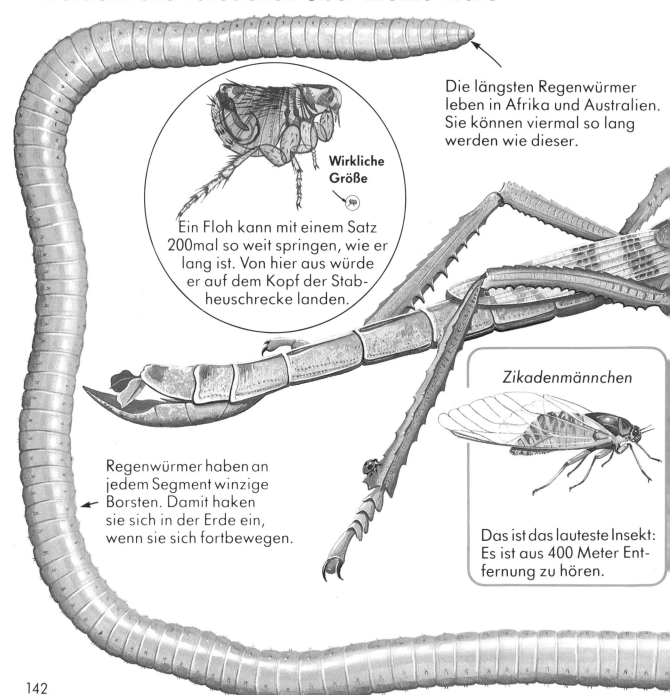

Die längsten Regenwürmer leben in Afrika und Australien. Sie können viermal so lang werden wie dieser.

**Wirkliche Größe**

Ein Floh kann mit einem Satz 200mal so weit springen, wie er lang ist. Von hier aus würde er auf dem Kopf der Stabheuschrecke landen.

Regenwürmer haben an jedem Segment winzige Borsten. Damit haken sie sich in der Erde ein, wenn sie sich fortbewegen.

*Zikadenmännchen*

Das ist das lauteste Insekt: Es ist aus 400 Meter Entfernung zu hören.

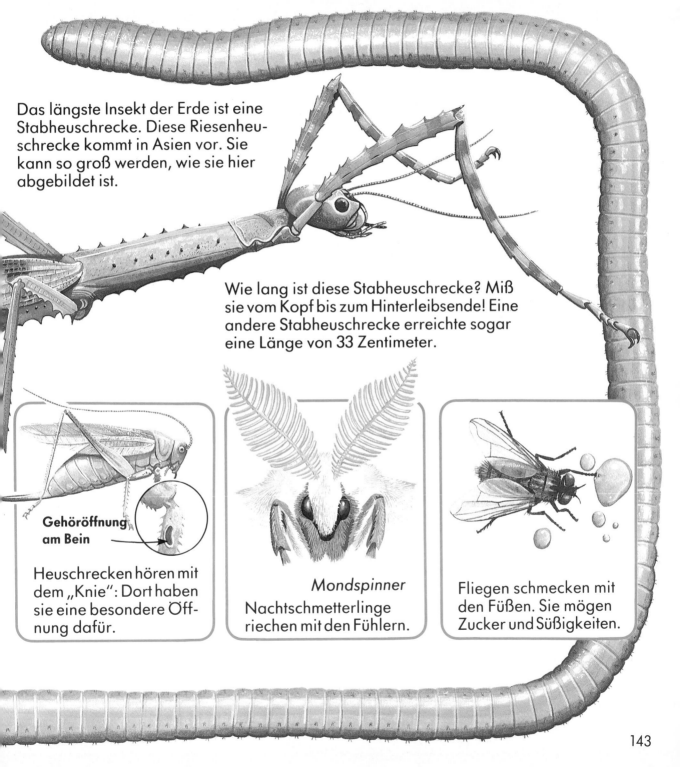

Das längste Insekt der Erde ist eine Stabheuschrecke. Diese Riesenheuschrecke kommt in Asien vor. Sie kann so groß werden, wie sie hier abgebildet ist.

Wie lang ist diese Stabheuschrecke? Miß sie vom Kopf bis zum Hinterleibsende! Eine andere Stabheuschrecke erreichte sogar eine Länge von 33 Zentimeter.

**Gehöröffnung am Bein**

Heuschrecken hören mit dem „Knie": Dort haben sie eine besondere Öffnung dafür.

*Mondspinner*
Nachtschmetterlinge riechen mit den Fühlern.

Fliegen schmecken mit den Füßen. Sie mögen Zucker und Süßigkeiten.

143

# Bilderrätsel

Die wirbellosen Tiere, die auf dieser Seite abgebildet sind, haben alle einen oder mehrere Fehler. Findest du die Fehler? Auf den vorigen Seiten sind die Tiere alle richtig abgebildet. Die Lösung steht auf dieser Seite unten.

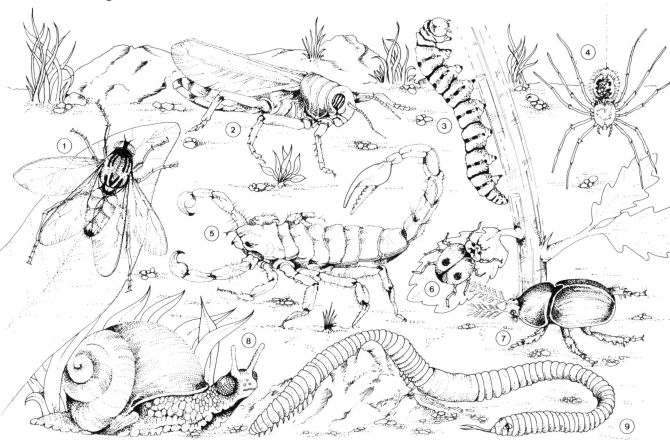

**Lösung:**
1 Die Fliege darf nur ein Flügelpaar haben. 2 Die Hinterbeine der Heuschrecke sind zu klein. 3 Die Raupe darf nicht an jedem Segment Beine haben. 4 Die Spinne hat zwei Beine zuviel. 5 Scheren und Stachel des Skorpions sind an der falschen Stelle. 6 Der Marienkäfer hat zwei Beine zuviel. 7 Der Käfer hat keine gefiederten Fühler. 8 Die Schnecke muß zwei Paar Fühler haben; Augen und Mund sind an der falschen Stelle. 9 Der Regenwurm darf weder Beine noch Augen und Zunge haben.

# Schmetterlinge

## Spiele
## in diesem Teil

**Jagd auf die
kleine grüne
Raupe!**

Findest du die kleinen
grünen Raupen, die auf
den folgenden
22 Seiten
versteckt sind?

**Daumenkino: So fliegt ein Schmetterling**

*Halte die
Seiten 147 bis 168
so, wie es
hier gezeigt
ist.*

Blättere die Seiten schnell durch und
achte dabei auf die rechte obere Ecke.

*Hier oben
siehst du,
wie der
Schmetterling
fliegt.*

# Schmetterlinge sind Insekten

Was haben alle diese Insekten gemeinsam?

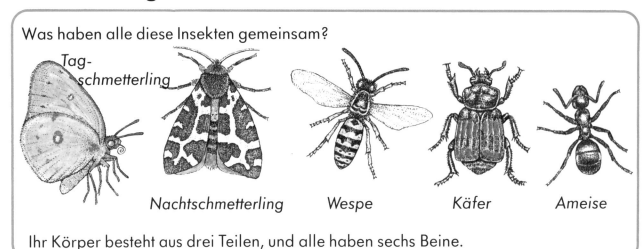

Tag-schmetterling

Nachtschmetterling      Wespe      Käfer      Ameise

Ihr Körper besteht aus drei Teilen, und alle haben sechs Beine.

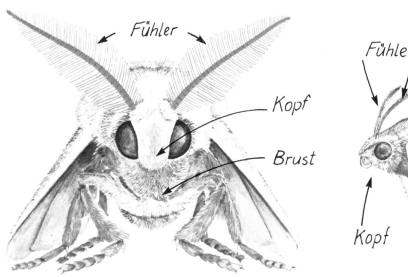

Fühler

Kopf

Brust

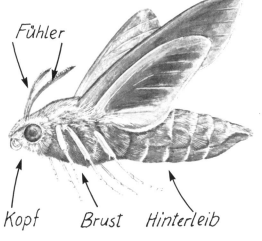

Fühler

Kopf      Brust      Hinterleib

Tag- und Nachtschmetterlinge haben Krallen an den Beinen, mit denen sie sich festhalten. Sie tasten und riechen mit ihren langen Fühlern.

Hinter dem Kopf ist die Brust. Die Flügel gehen von der Brust aus. Der lange Körperteil heißt Hinterleib.

Manche Insekten haben vier Flügel, andere nur zwei und einige gar keine.
Weißt du, wieviel Flügel Schmetterlinge haben?

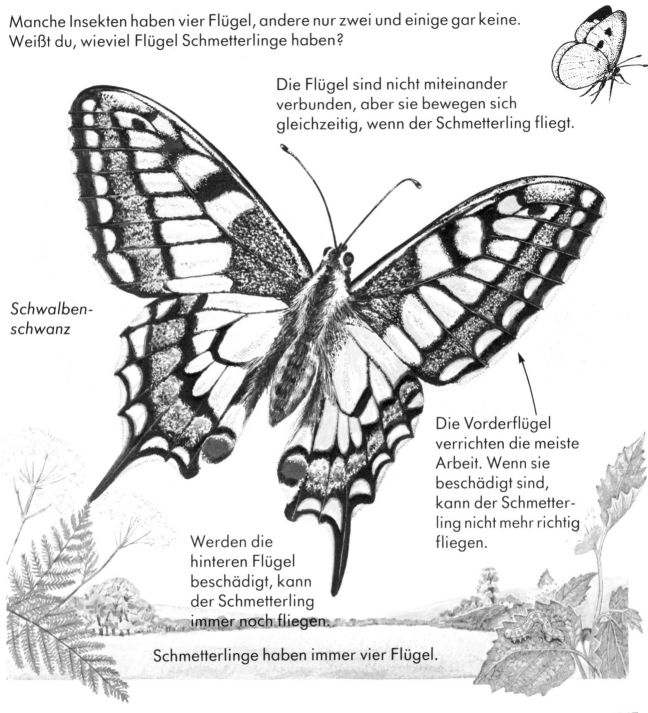

Die Flügel sind nicht miteinander
verbunden, aber sie bewegen sich
gleichzeitig, wenn der Schmetterling fliegt.

*Schwalben-*
*schwanz*

Die Vorderflügel
verrichten die meiste
Arbeit. Wenn sie
beschädigt sind,
kann der Schmetter-
ling nicht mehr richtig
fliegen.

Werden die
hinteren Flügel
beschädigt, kann
der Schmetterling
immer noch fliegen.

Schmetterlinge haben immer vier Flügel.

# Schmetterlingsflügel genau betrachtet

*Rotes Ordensband*

*Oleander-schwärmer*

*Walnuß-zünsler*

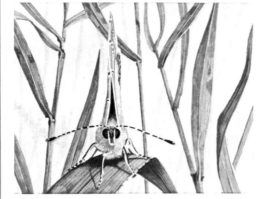

Wenn Tagschmetterlinge ausruhen, klappen sie meistens die Flügel auf dem Rücken zusammen.

Wenn Nachtschmetterlinge ausruhen, falten sie die Flügel auf dem Rücken oder breiten sie flach aus.

*Bläuling*

*Liguster-schwärmer*

Die Flügel der Schmetterlinge sind auf der Außenseite oft anders gefärbt als auf der Innenseite.

Wenn Schmetterlinge ausruhen, verbergen sie die leuchtend gefärbten Flügeloberseiten. Dadurch sind sie von Feinden schwer zu erkennen.

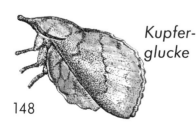

*Kupfer-glucke*

*Wellen-spanner*

*Dick-kopf-falter*

Mond-
vogel

Manche Schmetterlinge ähneln in
Ruhestellung einem Blatt. Sie sind
dann schlecht zu erkennen.

Manche ruhenden Nachtschmetterlinge sehen aus wie kleine Ästchen.
Für Feinde sind sie kaum zu erkennen.

**Wie kommen die Farben auf den Flügeln zustande?**

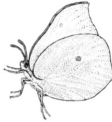

Zitronen-
falter

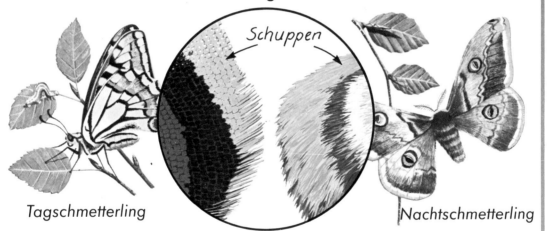

Schuppen

Tagschmetterling

Nachtschmetterling

Admiral

Die Flügel sind mit farbigen oder glänzenden Schuppen bedeckt.
Wenn du die Flügel berührst, reibst du die Schuppen ab.

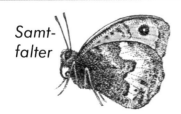

Samt-
falter

Brombeer-
zipfel-
falter

Monarch-
falter

149

# Wie sich Schmetterlinge warm halten und ernähren

Schmetterlinge brauchen Wärme, damit ihr Körper richtig arbeiten kann.
Wenn es kalt ist, ruhen sie sich aus.

Schmetterlinge wärmen
sich in der Sonne auf.

*Perlmutterfalter*

Die dunklen Flügelteile
erwärmen sich rasch.
Schmetterlinge aus
kalten Ländern haben
oft dunkel gefärbte
Flügel.

*Pelzspinner*

Nachtschmetterlinge sind oft
sehr haarig. Die Haare auf ihrem
Körper wärmen sie bei Nacht.

*Weinschwärmer*

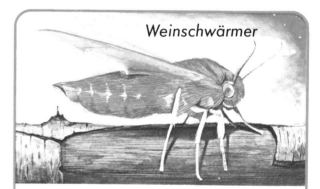

Manche Nachtschmetterlinge zittern vor
dem Abfliegen leicht mit den Flügeln,
um sich aufzuwärmen.

Schmetterlinge fressen nicht, um zu wachsen. Die Nahrung soll ihren Körper erwärmen, denn Wärme ist Energie. Und Energie braucht der Körper zum Arbeiten.

Tauben-
schwänzchen

Schmetterlinge saugen eine zuckerhaltige Flüssigkeit, den Nektar, aus den Blüten.

Sie saugen den Nektar durch einen langen Schlauch, den Rüssel.

Rüssel

Flaggen-
weißling

Manche Schmetter-
linge können mit den Füßen schmecken.

Linden-
schwärmer

Saft

Einige Nachtschmetterlinge saugen Saft aus Bäumen oder verletzten Pflanzen.

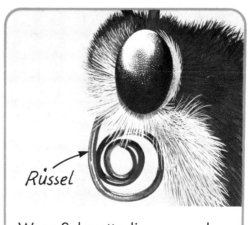

Rüssel

Wenn Schmetterlinge ausruhen, dann ist ihr Rüssel eingerollt.

# Wie ein Tagschmetterling den Tag verbringt

*Bläuling*

*Weibchen*

**1** Nachts ruht das Bläulingweibchen.

**2** Wenn die Sonne herauskommt, wärmt es sich auf.

**3** Es sucht sich einen Platz, wo es seine Eier ablegen kann.

**4** Es legt die Eier auf einer bestimmten Pflanzenart ab.

# Wie ein Nachtschmetterling die Nacht verbringt

*Männchen*

*Liguster-schwärmer*

**1** Der Schwärmer versteckt sich tagsüber.

**2** In der Dämmerung zittert er zum Auf-wärmen mit den Flügeln.

**3** Er fliegt davon und sucht sich ein Weibchen.

**4** Er saugt etwas Nektar aus einer Blüte.

**5** Es wärmt sich in der Sonne wieder auf.

**6** Jetzt hat es sich genügend aufgewärmt und fliegt weg.

**7** Es landet auf einer Blüte, um Nektar zu saugen.

**8** Wenn es kalt und dunkel wird, versteckt es sich.

**5** Jetzt ist es sehr kalt, deshalb ruht er sich aus.

**6** Wenn es wärmer wird, fliegt er weg.

**7** Er findet ein Weibchen und paart sich.

**8** Wenn es hell wird, versteckt er sich wieder.

153

# Wie finden Schmetterlinge einen Partner?

Das Wichtigste im Leben eines Schmetterlings ist es, einen Partner zur Paarung zu finden. Wenn ein Weibchen sich gepaart hat, legt es Eier.

*Männchen*

*Dukaten-
falter*

*Weibchen*

*Männchen*

*Blauer
Eichenzipfel-
falter*

*Weibchen*

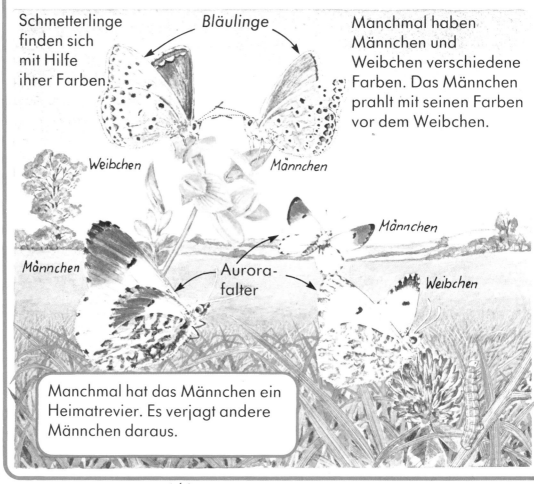

Schmetterlinge finden sich mit Hilfe ihrer Farben.

*Bläulinge*

Manchmal haben Männchen und Weibchen verschiedene Farben. Das Männchen prahlt mit seinen Farben vor dem Weibchen.

*Weibchen*

*Männchen*

*Männchen*

*Männchen*

Aurora-falter

*Weibchen*

Manchmal hat das Männchen ein Heimatrevier. Es verjagt andere Männchen daraus.

*Weibchen*

*Männchen*

*Schwalben-
schwanz*

Weibchen

Bei den Nachtschmetterlingen kann man die Männchen oft an den längeren Fühlern erkennen.

Nacht-pfauen-auge

Männchen

Bei Nacht nützen den Schmetterlingen Farben als Erkennungszeichen nichts. Stattdessen erkennt das Männchen das Weibchen am Geruch. Jede Nachtschmetterlingsart hat einen anderen Geruch.

Das Weibchen verbreitet einen besonderen Duft, um das Männchen anzulocken.

Schwammspinner

Das Männchen benutzt seine feder-artigen Fühler als „Duftantennen": Es kann ein Weibchen aus großer Ent-fernung riechen.

Männchen

Graubär

Weibchen

Männchen

Asselspinner

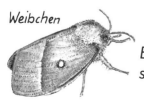

Weibchen

Eichen-spinner

Männchen

Weibchen

# Wie Schmetterlinge sich paaren und Eier legen

Weibchen und Männchen der Schmetterlinge „spielen" erst miteinander, bevor sie sich paaren. Dieses Paarungsspiel nennt man „Balz".

Das Männchen hält die Fühler des Weibchens zwischen seinen Flügeln.

*Fühler*

Mit den Fühlern nimmt das Weibchen einen bestimmten Duft auf den Flügeln des Männchen wahr.

*Samtfalter*

Wenn Schmetterlinge sich paaren, verbinden sie ihre Hinterleiber. Ein Samenpaket gelangt vom Hinterleib des Männchens in den Hinterleib des Weibchens. Der Samen vereinigt sich mit Eiern im Körper des Weibchens.

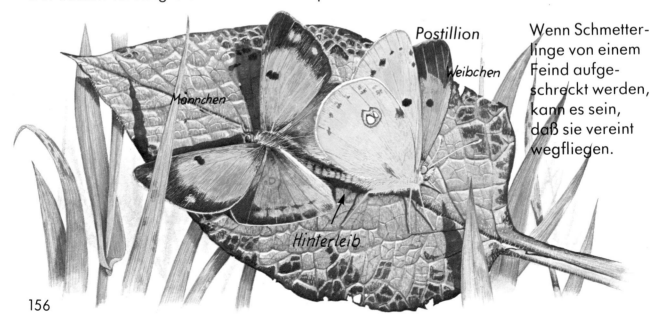

*Postillion*

*Männchen*

*Weibchen*

*Hinterleib*

Wenn Schmetterlinge von einem Feind aufgeschreckt werden, kann es sein, daß sie vereint wegfliegen.

Ein Weibchen kann Hunderte von Eiern in sich haben.
Wenn es sich gepaart hat, legt es die Eier ab.

Brennessel-
blatt

Landkärtchen

Eier

Schilfeule

Hinterleib

Schmetterlinge legen
ihre Eier meistens auf ganz
bestimmten Pflanzen ab. Das Weibchen legt
entweder viele Eier auf einmal ab oder in
Abständen je eines.

Dieser Nachtfalter legt seine Eier in
Rohrkolben ab. Mit einem Stachel am
Ende seines Hinterleibs bohrt das
Weibchen ein Loch in den Stengel
und legt ein Ei darin ab.

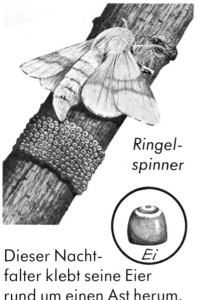

Ringel-
spinner

Ei

Dieser Nacht-
falter klebt seine Eier
rund um einen Ast herum.

Blausieb

Ei

Dieser Nacht-
falter klebt seine
Eier auf Baumrinde.

Schachbrett

Ei

Dieser Tagfalter
läßt seine Eier
im Flug fallen.

# Warum sind Raupen so gefräßig?

Aus jedem Ei schlüpft eine Raupe. Diese frißt und wächst unaufhörlich. Sie hört erst auf zu wachsen, wenn sie groß genug ist, um sich in einen Schmetterling zu verwandeln.

**1** In diesem Ei ist eine Nachtschmetterlings-raupe.

**2** Die Raupe frißt ein Loch in die Eischale und kriecht heraus.

**3** Sie ist sehr hungrig, deshalb frißt sie die alte Eischale.

**4** Die Raupe frißt sich vom Blattrand aus durch das Blatt. Bald ist sie so groß, daß ihr die Haut zu eng wird.

**5** Die Haut platzt, und die Raupe windet sich heraus. Sie hat nun ein neues und weiteres Raupenhemd.

*Raupe des Ligusterschwärmers*

**6** Die Raupe frißt Ligusterblätter. Sie frißt und wächst unaufhörlich. Noch dreimal wechselt sie ihre Haut.

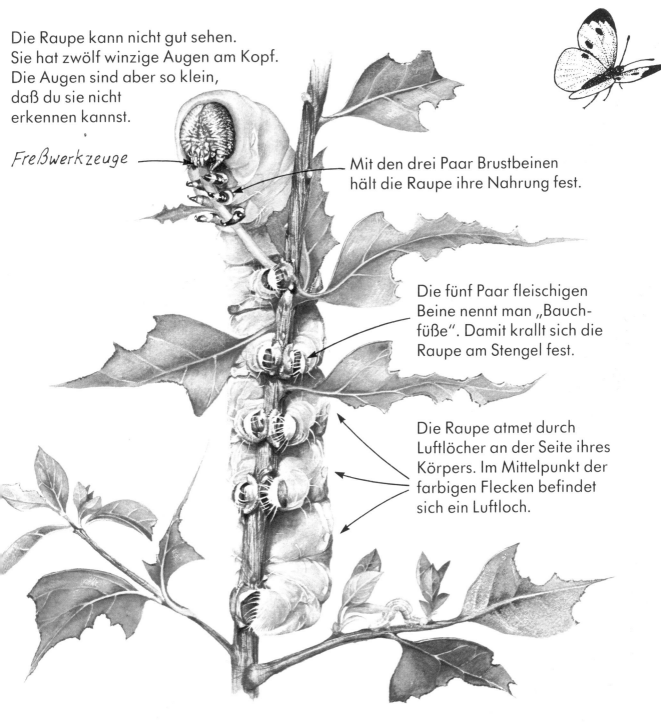

Die Raupe kann nicht gut sehen.
Sie hat zwölf winzige Augen am Kopf.
Die Augen sind aber so klein,
daß du sie nicht
erkennen kannst.

*Freßwerkzeuge*

Mit den drei Paar Brustbeinen
hält die Raupe ihre Nahrung fest.

Die fünf Paar fleischigen
Beine nennt man „Bauch-
füße". Damit krallt sich die
Raupe am Stengel fest.

Die Raupe atmet durch
Luftlöcher an der Seite ihres
Körpers. Im Mittelpunkt der
farbigen Flecken befindet
sich ein Luftloch.

159

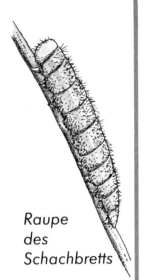

*Raupe*
*des*
*Schachbretts*

# Von der Raupe zur Puppe

So bewegen
sich Spanner-
raupen vor-
wärts.

In Ruhestellung sehen manche Raupen wie abgebrochene Ästchen
aus. Dadurch werden sie von Feinden nicht so leicht erkannt.

*Schwalben-*
*schwanz-*
*raupe*

*Scheinauge*

Manche Raupen sind haarig. Vögel
fressen diese Raupen nicht gern.

Manche Raupen haben Scheinaugen, um Feinde abzuschrecken.

*Gespinst aus*
*Spinnfäden*

*Raupen*

Raupen produzieren Spinnfäden aus Drüsen an ihrem Mund. Manche
Raupen stellen aus diesen Fäden ein Gespinst her und verstecken sich darin

*Raupe eines*
*Heliconiusfalters*

*Buchenspinner-*
*raupe*

Wenn Raupen ganz ausgewachsen sind, verpuppen sie sich.

*Raupe des Tagpfauenauges*

Alte Haut

Puppe

**1** Die ausgewachsene Raupe hängt sich mit dem Kopf nach unten auf.

**2** Die Raupe verwandelt sich in ihrer Hauthülle zur Puppe.

**3** Die Rückenhaut der Raupe reißt auf, die Puppe schlüpft.

*Kohlweißling-puppe*

Manche Schwärmerraupen vergraben sich in der Erde und verpuppen sich dort.

Seide kokon

Manche Spinnerraupen spinnen sich in Seiden-kokons ein. Die Raupen verpuppen sich in diesen Kokons.

**4** Die Puppenhaut wird hart und ändert ihre Farbe.

*Sackspinner-kokon*

*Puppe des Aurorafalters*

*Puppe des Windenschwärmers*

161

# Von der Puppe zum Schmetterling

In der Puppe entwickelt sich der Schmetterling zu seiner endgültigen Gestalt.

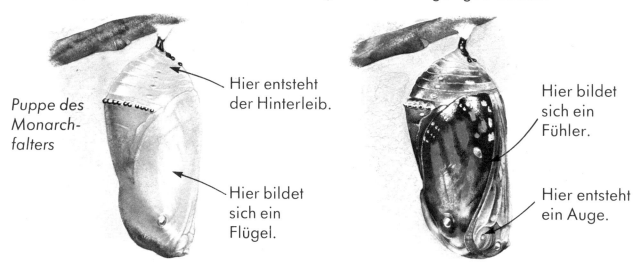

*Puppe des Monarch-falters*

Hier entsteht der Hinterleib.

Hier bildet sich ein Flügel.

Hier bildet sich ein Fühler.

Hier entsteht ein Auge.

**1** Diese Puppe ist zwei Tage alt. Darin entwickelt sich ein Monarchfalter.

**2** Die Puppe ist jetzt zwei Wochen alt. Der Schmetterling ist kurz vor dem Ausschlüpfen.

Der Schmetterling zieht gerade Fühler, Beine und Rüssel heraus.

**3** Die Haut der Puppe platzt. Kopf und Beine des Schmetterlings kommen zuerst heraus.

Zuerst sind
die Flügel
noch ziemlich
zerknittert.

**4** Der Schmetterling zieht seinen
Hinterleib aus der Puppenhülle. Er
pumpt Blut in die Adern seiner Flügel.

*Adern*

*Zwei
Rüsselteile*

**5** Das Blut wird vom Hinterleib aus in
die Adern gepumpt. Jetzt können sich
die Flügel entfalten.

**6** Der Schmetterling wartet,
bis seine Flügel trocken und
steif sind. Dann kann er fliegen.

Die beiden Rüssel-
teile vereinen sich
und bilden eine
Röhre.

# Wie lange lebt ein Schmetterling?

Das Leben eines Schmetterlings verläuft in vier Abschnitten. Die ausgewachsenen Schmetterlinge leben nur ein paar Tage oder Wochen. Wenn sie sich gepaart haben und das Weibchen Eier gelegt hat, sterben sie.

**1** Jeder Schmetterling entwickelt sich aus einem Ei.

**2** Aus dem Ei schlüpft die Raupe.

**3** Die Raupe verwandelt sich zur Puppe.

**4** Die Puppe entwickelt sich zum Schmetterling.

In tropischen Ländern, in denen es immer heiß ist, dauert es oft nur wenige Wochen, bis aus dem Ei ein ausgewachsener Schmetterling wird.

In kälteren Gebieten kann die Entwicklung vom Ei zum fertigen Schmetterling mehrere Monate dauern. Manche Schmetterlingsarten verfallen in eine Winterstarre. Sie erwachen erst, wenn es wieder wärmer wird.

Der Ringelspinner überwintert als Ei.

Die Zimteule überwintert als ausgewachsenes Tier.

Der Kohlweißling verbringt den Winter als Puppe.

Der Ligusterschwärmer überwintert als Puppe in der Erde.

Das Schachbrett verschläft den Winter als junge Raupe.

Schmetterlinge, die den Winter in Winterstarre verbringen, können ein Jahr oder sogar mehrere Jahre brauchen, bis sie sich vom Ei zum Schmetterling entwickelt haben.

# Schmetterlinge leben gefährlich

Schmetterlinge haben viele Feinde.

Vögel fressen sie.

Spinnen fallen über sie her.

Andere Insekten fressen sie.

Viele Nachtschmetterlinge werden nachts die Beute von Fledermäusen.

Blaues Ordensband

Manche Nachtschmetterlinge haben seitlich am Körper Hörorgane. Damit können sie die Schreie der Fledermäuse hören. Wenn diese Nachtschmetterlinge eine Fledermaus kommen hören, lassen sie sich zu Boden fallen oder versuchen zu fliehen.

Manche Schmetterlinge haben besonders eindrucksvolle Muster auf ihren Flügeln. Damit schrecken sie ihre Feinde ab.

*Rotes Ordensband*

*Eulenfalter*

Dieser Nachtschmetterling hat leuchtend rot gefärbte Unterflügel. Er versucht Feinde damit abzuschrecken.

Dieser Schmetterling hat Scheinaugen auf seinen Flügeln. Vögel sollen sie für die Augen eines gefährlichen Tieres halten.

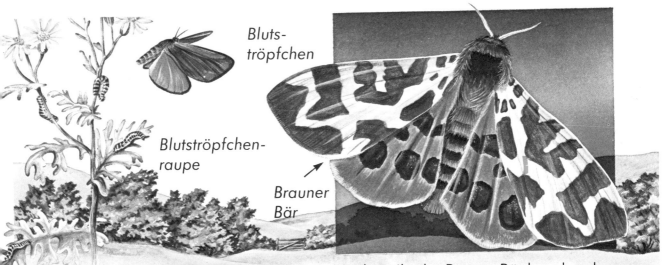

*Blutströpfchen*

*Blutströpfchen-raupe*

*Brauner Bär*

Die meisten Schmetterlinge, die rot und schwarz oder gelb und schwarz gefärbt sind, schmecken schlecht. Vögel lassen sie bald in Ruhe.

Nachts gibt der Braune Bär knackende Geräusche von sich. Fledermäuse lernen rasch, daß Nachtfalter, die solche Geräusche machen, schlecht schmecken.

# Fische

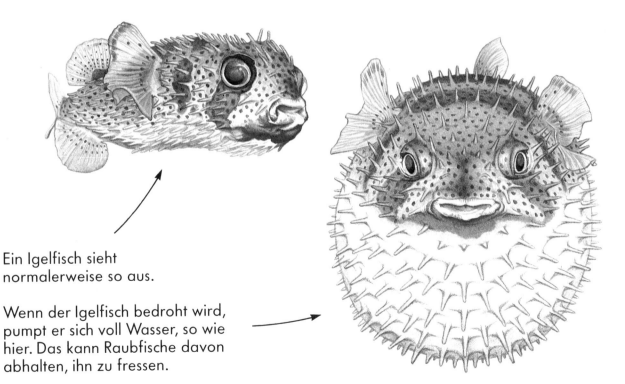

Ein Igelfisch sieht
normalerweise so aus.

Wenn der Igelfisch bedroht wird,
pumpt er sich voll Wasser, so wie
hier. Das kann Raubfische davon
abhalten, ihn zu fressen.

# Alle Fische leben im Wasser

Fische sind Wassertiere. Sie atmen durch Kiemen und haben ein Skelett im Körper. Ihr Körper hat normalerweise die gleiche Temperatur wie das Wasser der Umgebung. Die meisten Fische pflanzen sich durch Eier fort.

Unter den Kiemendeckeln befinden sich die Kiemen.

Goldfisch-Eier

Goldfisch

Das Skelett gibt dem Körper und den Flossen Halt.

Auch diese Tiere leben alle im Wasser.

Qualle       Flußkrebs

Seestern       Tintenfisch

Sie sind aber keine Fische.

Wale und Delphine leben ebenfalls im Wasser; sie sind Säugetiere.

Buckelwal

Sie atmen mit Lungen. Weibliche Wale gebären ein Junges und säugen es mit Milch.

# Die drei wichtigsten Gruppen von Fischen

## 1 Knochenfische

Die meisten Fische haben ein Knochenskelett. Normalerweise ist ihr Körper mit dünnen Schuppen bedeckt.

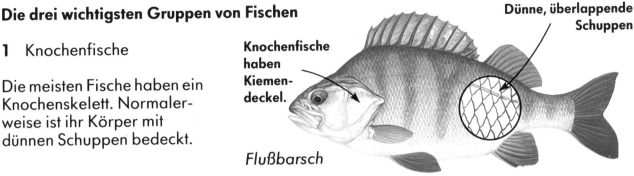

**Knochenfische haben Kiemendeckel.**

**Dünne, überlappende Schuppen**

*Flußbarsch*

## 2 Haie und Rochen

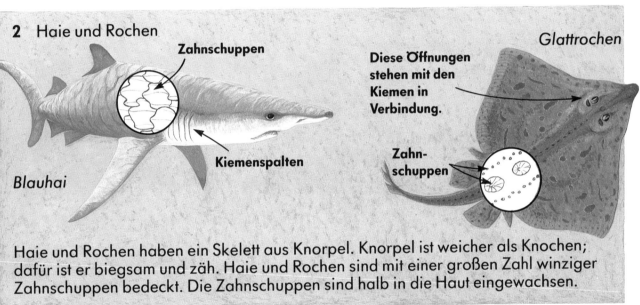

**Zahnschuppen**

**Kiemenspalten**

*Blauhai*

*Glattrochen*

**Diese Öffnungen stehen mit den Kiemen in Verbindung.**

**Zahnschuppen**

Haie und Rochen haben ein Skelett aus Knorpel. Knorpel ist weicher als Knochen; dafür ist er biegsam und zäh. Haie und Rochen sind mit einer großen Zahl winziger Zahnschuppen bedeckt. Die Zahnschuppen sind halb in die Haut eingewachsen.

## 3 Neunaugen

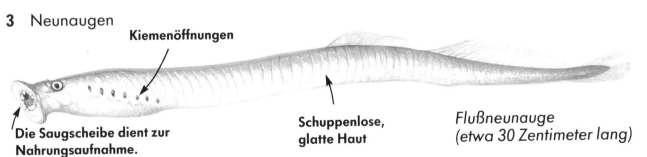

**Kiemenöffnungen**

**Die Saugscheibe dient zur Nahrungsaufnahme.**

**Schuppenlose, glatte Haut**

*Flußneunauge (etwa 30 Zentimeter lang)*

Neunaugen haben keine Kiefer und weder Schuppen noch Zahnschuppen. Das Skelett ist knorpelig.

171

# Wie Fische sich fortbewegen

Die meisten Fische schwimmen mit Hilfe ihrer Flossen. Die einen Flossen dienen dazu, den Fisch vorwärts zu bewegen; die anderen werden zum Steuern benutzt.

Der Seebarsch schlägt mit seinem Schwanz hin und her. Das treibt den Fisch vorwärts. Mit den anderen Flossen hält er die Richtung.

Der Riesenmanta hat gewaltige Seitenflossen. Damit schlägt er auf und ab wie mit Flügeln. So „fliegt" der Fisch durch das Wasser.

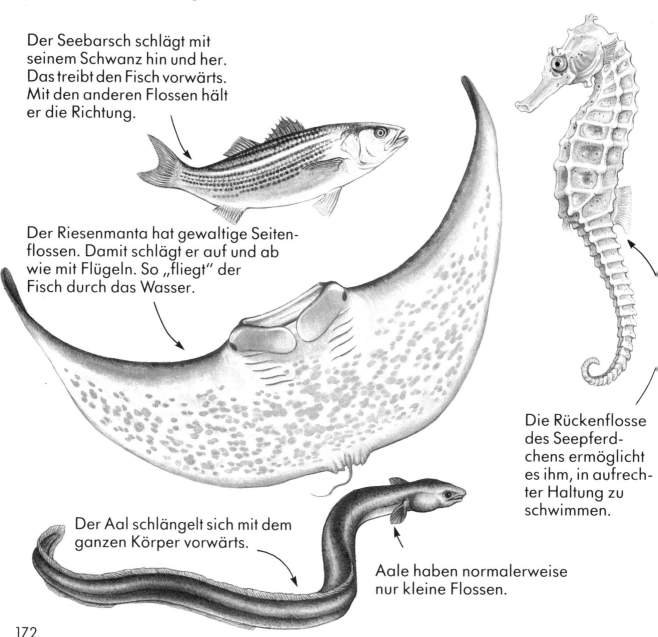

Die Rückenflosse des Seepferdchens ermöglicht es ihm, in aufrechter Haltung zu schwimmen.

Der Aal schlängelt sich mit dem ganzen Körper vorwärts.

Aale haben normalerweise nur kleine Flossen.

Einige Fische bewegen sich auf ungewöhnliche Weise fort.

Große
Brust-
flossen

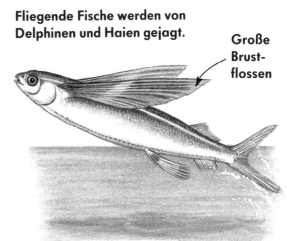

Große
Brust-
flossen

Beilbauchfische können aus dem Wasser springen. Sie schlagen ihre Brustflossen schnell auf und ab und gleiten dadurch ein Stück durch die Luft. Das ergibt ein schwirrendes Geräusch.

Fliegende Fische schwimmen mit Hilfe ihrer Schwanzflossen sehr schnell durchs Wasser. Dann stoßen sie plötzlich durch die Wasseroberfläche, breiten ihre Flossen aus und gleiten durch die Luft.

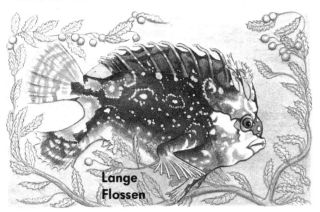

Lange
Flossen

Schlammspringer verlassen das Wasser, um an Land Insekten zu fangen.

Zum Atmen nehmen sie in den Kiemen Wasser mit.

Sargassofische haben ihre Flossen am Ende von vier kurzen „Armen". Sie kriechen damit zwischen Korallen und Tang herum und suchen nach Nahrung.

Schlammspringer können gut springen. Sie krümmen den Schwanz und stemmen ihn gegen den Boden. Dann strecken sie den Körper ganz plötzlich und machen dadurch einen Satz vorwärts.

# Wie Fische atmen

Auch Fische müssen atmen und brauchen dazu Sauerstoff. Sauerstoff ist im Wasser gelöst; die meisten Fische können ihn mit Hilfe ihrer Kiemen aufnehmen. Dazu wird das Wasser durch die Kiemen gepreßt. Im Inneren der Kiemen übernimmt das Blut den Sauerstoff vom Wasser.

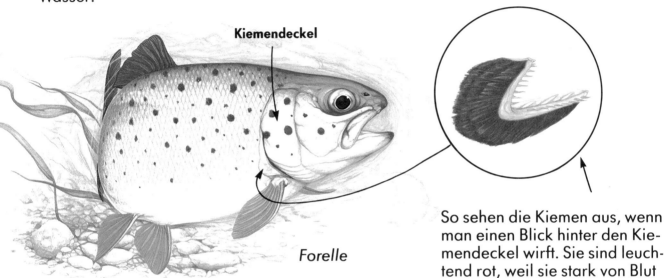

**Kiemendeckel**

*Forelle*

So sehen die Kiemen aus, wenn man einen Blick hinter den Kiemendeckel wirft. Sie sind leuchtend rot, weil sie stark von Blut durchströmt werden.

## So atmen die meisten Fische

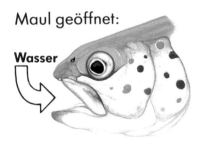

Maul geöffnet:

**Wasser**

**1** Der Fisch nimmt ein großes Maul voll Wasser. Dann schließt er das Maul.

Maul geschlossen:

**2** Das Wasser wird zwischen die Kiemen gedrückt. Das Blut in den Kiemen nimmt den Sauerstoff auf.

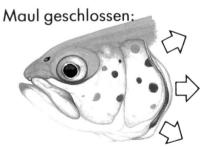

Maul geschlossen:

**3** Das Blut verteilt den Sauerstoff im ganzen Körper. Das Wasser strömt durch die Kiemenöffnungen aus.

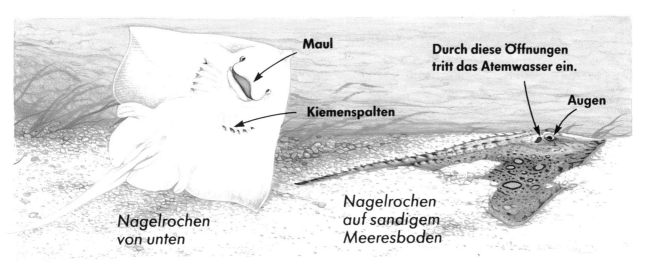

Maul

Durch diese Öffnungen
tritt das Atemwasser ein.

Augen

Kiemenspalten

*Nagelrochen
von unten*

*Nagelrochen
auf sandigem
Meeresboden*

Die Mundöffnung eines Rochens befindet sich auf der Körperunterseite. Wenn der Rochen auf dem Grund ruht, kann er aber mit dem Mund kein klares Atemwasser aufnehmen. Dafür hat er zwei Öffnungen oben auf seinem Kopf. Das Wasser strömt von dort nach unten durch die Kiemen und wird durch die Kiemenspalten wieder ausgestoßen.

## So atmen Lungenfische

Afrikanische Lungenfische leben gewöhnlich am Grund von Seen. Sie haben Kiemen und Lungen zum Atmen. Zum Luftschnappen kommen sie an die Wasseroberfläche.

Wenn der See austrocknet, wühlt sich der Lungenfisch in den Schlamm ein. Durch einen Luftschacht hält er Verbindung zur Oberfläche. Er atmet dann mit seinen Lungen.

Kiemendeckel

Der Fisch
hüllt sich
in eine
Schleimkapsel
ein.

Luftschacht

*Afrikanischer
Lungenfisch*

Brustflosse

# Wie Fische sich zurechtfinden

Fische können wie wir riechen, sehen, schmecken und hören. Dazu haben sie noch besondere Organe, die ihnen helfen, sich zu orientieren.

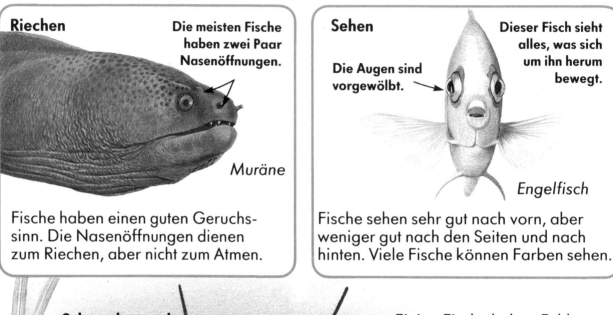

**Riechen**

Die meisten Fische haben zwei Paar Nasenöffnungen.

*Muräne*

Fische haben einen guten Geruchssinn. Die Nasenöffnungen dienen zum Riechen, aber nicht zum Atmen.

**Sehen**

Dieser Fisch sieht alles, was sich um ihn herum bewegt.

Die Augen sind vorgewölbt.

*Engelfisch*

Fische sehen sehr gut nach vorn, aber weniger gut nach den Seiten und nach hinten. Viele Fische können Farben sehen.

**Schmecken und Tasten**

*Wels*

Einige Fische haben Fühler an Kinn und Lippen. Diese Fühler nennt man Barteln. Mit den Barteln kann der Fisch schmecken. Er benutzt sie auch bei der Nahrungssuche.

**Bartel**

**Hören**

*Trommelfisch*

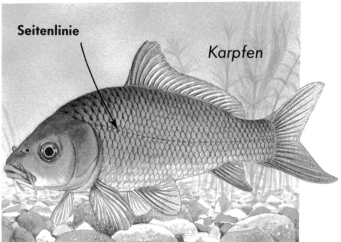

**Seitenlinie**

*Karpfen*

Fische haben ihre Ohren im Inneren des Kopfes. Dieser Fisch lebt im trüben Wasser, so daß für ihn Hören viel wichtiger ist als Sehen. Seine Artgenossen findet er, indem er laute Trommelgeräusche erzeugt.

Die meisten Fische haben eine waagerechte Linie auf beiden Seiten des Körpers. Das ist die Seitenlinie. Durch die feinen Poren in dieser Linie kann der Fisch Wasserbewegungen wahrnehmen, die von anderen Wassertieren verursacht werden.

Einige Fische können mit bestimmten Organen ihres Körpers **Elektrizität** erzeugen.

**Dieser Elefantenfisch kann das Wasser um sich herum elektrisieren.**

**Diese Linien zeigen das elektrische Feld um den Fisch.**

Der Elefantenfisch achtet beim Schwimmen auf alles, was sein elektrisches Feld verändert. Dadurch stößt er nirgendwo an, und er findet so auch seine Artgenossen. Sogar rückwärts schwimmen kann er mit Hilfe dieser Einrichtung ohne Schwierigkeiten.

# Wie Fische sich ernähren

Fische nehmen nicht regelmäßig Nahrung zu sich. Aber wenn sie etwas erbeutet haben, fressen sie davon, soviel sie können. Einige kommen tagelang ohne Nahrung aus, andere müssen dauernd etwas fressen. An der Form des Fischmauls läßt sich oft erkennen, wie die Nahrung gefangen wird.

*Schwarzer Schlinger*

Beute im riesig ausgedehnten Magen

Einige Tiefseefische können ihr Maul besonders weit aufreißen. Sie können deswegen auch große Fische verschlingen. Der Magen dehnt sich, um die Riesenmahlzeit zu fassen.

*Riesenhai*

Kiemenreusen

Dieser Hai schwimmt mit weit geöffnetem Maul. Sein Schlund enthält Reihen von Knorpelbögen, sogenannte Kiemenreusen. In den Kiemenreusen verfangen sich winzige Tiere.

*Weißhai („Menschenhai")*

Der Weißhai ist groß und stark. Er kann fast alles überwältigen, was ihm im Meer begegnet. Seine dreieckigen Zähne sind sehr scharf. Jeder Zahn, der abgenützt ist und ausfällt, wird durch einen neuen Zahn aus der Zahnreihe dahinter ersetzt.

# Tricks beim Beutefang

## Schmetterlingsfisch

Dieser Fisch lauert knapp unter der Wasseroberfläche auf Beute. Er springt und schnappt nach niedrig fliegenden Insekten.

## Schützenfisch

**Wenn das Insekt ins Wasser fällt, verschlingt es der Fisch.**

Dieser Fisch spritzt mit Wasser nach Insekten und Spinnen, die sich über der Wasseroberfläche befinden. Der feine Wasserstrahl reißt sie von der Pflanze.

## Seeteufel

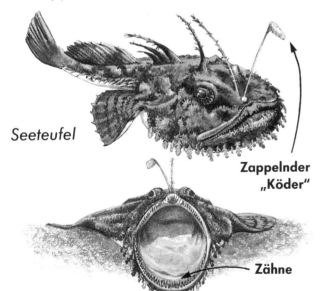

**Zappelnder „Köder"**

**Zähne**

Die „Angelrute" und der „Köder" sind Körperteile dieses Fisches. Kleine Fische halten den „Köder" für Nahrung und lassen sich davon anlocken. Sie werden geschnappt und gefressen.

## Knochenhecht

**Hunderte von scharfen Zähnen**

Der Knochenhecht steht unbeweglich an der Wasseroberfläche oder in den Wasserpflanzen. Sobald sich ein Fisch nähert, dreht der Hecht sich langsam auf ihn zu und packt ihn blitzschnell.

# Wie Fische sich schützen

Viele Fische zeigen prächtige Farbmuster. Damit können sie sich gut an ihre natürliche Umgebung anpassen und werden nicht so leicht entdeckt.

Durch ihre Färbung ist die Makrele gut getarnt. Sie kann sich dadurch vor ihren Feinden, wie Vögeln und Raubfischen, geschickt verbergen.

**Auf dem Rücken hat sie ein dunkelblaues Wellenmuster.**

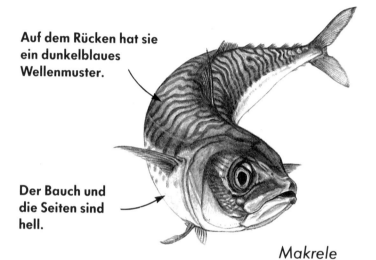

**Der Bauch und die Seiten sind hell.**

*Makrele*

Wenn du eine Makrele von oben betrachtest, hebt sich ihr blauer Rücken kaum vom Wasser ab.

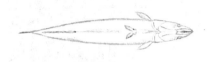

Wenn du eine Makrele von unten siehst, dann verschmilzt ihre helle Unterseite mit dem Himmel.

Dieser Hecht jagt andere Fische. Er lauert ihnen zwischen den Wasserpflanzen auf. Die Streifen auf seinem Körper sehen so ähnlich aus wie die Stengel der Pflanzen. So ist er nur schwer zu erkennen.

Viele Fische, die auf dem Meeresgrund leben, können bei einem Ortswechsel auch ihre Farbe verändern. Die Farbe dieses australischen Ammenhais paßt zu Sand und Geröll.

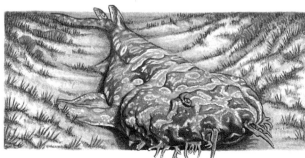

Einige Fische haben besonders leuchtende Farben oder auffallende Zeichnungen. Damit täuschen sie ihre Feinde oder halten sie von einem Angriff ab.

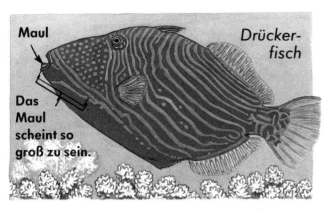

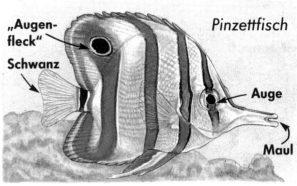

Dieser Drückerfisch hat auffällige Zeichnungen am Maul und im Gesicht. Sie lassen das Maul viel größer erscheinen, als es ist. Das schreckt andere Fische ab.

Einige Pinzettfische haben in Schwanznähe einen dunklen „Augenfleck". Das verwirrt andere Fische: Der Kopf scheint dort zu sein, wo in Wirklichkeit der Schwanz ist.

Dieser prächtig gefärbte Fisch hat lange Stacheln auf seinem Rücken. Die Stacheln enthalten ein starkes Gift. Seine auffällige Färbung dient anderen Fischen zur Warnung.

Rotfeuerfisch

181

# Wie Fische Partner finden und Nester bauen

Die meisten Fische kommen in Schwärmen zusammen, um sich zu paaren und Eier zu legen. Bei manchen Fischen finden sich auch ein Männchen und ein Weibchen zu einem Paar zusammen. Das Männchen stellt sich vor dem Weibchen zur Schau. Das nennt man Balz.

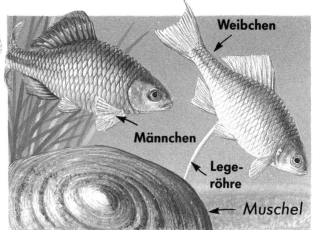

Das Stichlingmännchen hat ein Nest gebaut und zeigt nun einem Weibchen seinen roten Bauch. Dadurch läßt sich das Weibchen dazu bringen, seine Eier in das Nest zu legen. Andere Stichlingmännchen jagt das Männchen davon.

Das Bitterlingmännchen balzt vor dem Weibchen und führt es zu einer lebenden Muschel. Das Weibchen legt seine Eier mit einer besonderen Legeröhre in die Muschel.

Der männliche Leierfisch ist prachtvoll gefärbt. Er hat eine sehr lange, spitze Rückenflosse. Er stellt sie auf, um ein Weibchen anzulocken.

Einige Fische bauen Nester. Andere verstecken ihre Eier nur. Doch in beiden Fällen können die Eier nicht so leicht gefressen oder fortgespült werden.

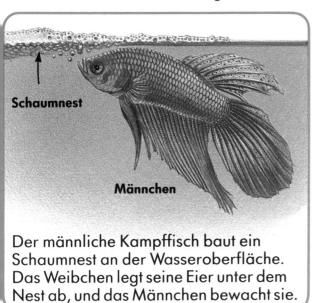

Der männliche Kampffisch baut ein Schaumnest an der Wasseroberfläche. Das Weibchen legt seine Eier unter dem Nest ab, und das Männchen bewacht sie.

Das Lachsweibchen scharrt eine Laichgrube in den Kies des Flusses. Die Männchen kämpfen miteinander um den Besitz eines Weibchens und seiner Laichgrube.

Kalifornischer Ährenfisch (Grunion)

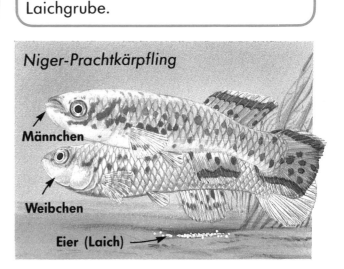

Kalifornische Ährenfische lassen sich von den Wellen der Springflut auf den Strand tragen. Dort vergraben sie ihre Eier im feuchten Sand.

Niger-Prachtkärpflinge leben in kleinen Tümpeln, die oft austrocknen. Die Tiere vergraben ihre Eier im Schlamm. Die jungen Fische schlüpfen erst, wenn es wieder geregnet hat.

183

# Wie sich die Jungen entwickeln

Die meisten Fische legen eine Unmenge kleiner Eier. Manche Fische lassen ihren Laich einfach im Meer treiben; andere kleben ihn an Pflanzen oder Riffe. Im allgemeinen kümmern sich die Eltern nicht weiter um die Eier.

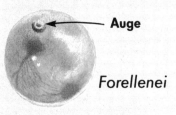

Auge

Forellenei

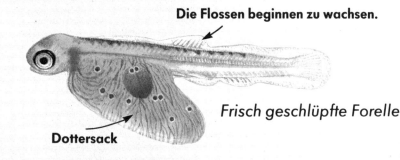

Die Flossen beginnen zu wachsen.

Dottersack

Frisch geschlüpfte Forelle

**1** In den Fischeiern befindet sich viel Dotter. Davon ernährt sich das heranwachsende Fischchen.

**2** Der Jungfisch ist geschlüpft, ernährt sich aber noch von seinem Dottervorrat.

Junge Forelle

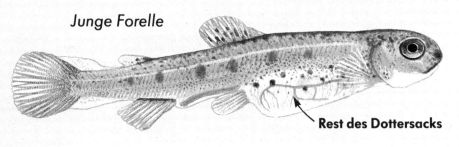

Rest des Dottersacks

**3** Der Dottervorrat reicht so lange, bis die Flossen des Jungfisches voll ausgebildet sind.

Einige Fische legen nur wenige, große Eier. Der Katzenhai zum Beispiel legt seine Eier in einer Kapsel ab, die im Wasser hart wird. Die Kapsel schützt das Ei während seiner Entwicklung.

Katzenhai

Eikapsel

Einige Knochenfische kümmern sich um ihre Eier, bis die Jungen geschlüpft sind.

Weibchen

Neugeborener Guppy

Männchen

Das Guppyweibchen behält seine Eier im Körper. Die Jungen schlüpfen aus den Eiern, kurz bevor sie geboren werden.

Männchen

Junge Seepferdchen

Bauchtasche

Ein männliches Seepferdchen trägt die Eier des Weibchens in einer Tasche, bis die Jungen ausschlüpfen.

Eier

Maulbrütermännchen tragen die Eier im Maul. Sogar die jungen Fischchen finden noch Schutz im Maul des Vaters.

Weibchen

Junger Dornhai

Einige Haie gebären lebende Junge. Andere legen ihre Eier in festen Kapseln ab und kümmern sich nicht weiter darum.

# Fische in Flüssen und Seen

Im gleichen Fluß können viele verschiedene Fischarten leben, weil jede Art einen anderen Abschnitt des Flusses bevorzugt.

Forellen lieben schnell fließende Bergbäche mit sauberem und kaltem Wasser. Es ist reich an Sauerstoff.

Elritzen leben gern in Bächen mit langsam fließendem, aber klarem Wasser.

Döbel mögen sanft strömende Flüsse mit tiefem Wasser.

Brachsen bevorzugen Flüsse, die ganz langsam fließen.

Manche Bäche und Flüsse haben eine starke Strömung. Die Fische müssen sich sichern, damit sie von dem schnell fließenden Wasser nicht fortgerissen werden.

*Lachs*

*Asiatischer Steinbeißer*

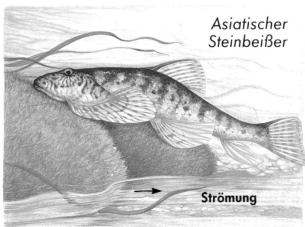

**Strömung**

Einige Fische, wie dieser junge Lachs, weichen vor der Strömung hinter Steine aus.

Dieser Fisch hat eine flache Unterseite. Er kann sich an große Steine im Flußbett anschmiegen.

Diese Fische sind an ihre Lebensräume gut angepaßt.

*Segelflosser (Skalar)*

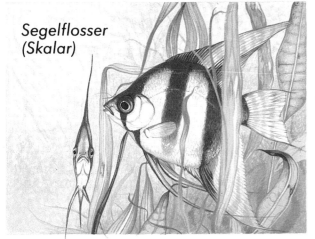

*Höhlensalmler (Blinder Tetra)*

Segelflosser sind sehr schlank. Sie können sich zwischen Pflanzenstengeln vor Feinden verstecken.

Dieser Fisch lebt in Höhlenseen. Er hat keine Augen, kann sich aber im Dunkeln zurechtfinden.

# Fische im Meer

Die Flachmeere an den Küsten bieten Nahrung und Versteckplätze für viele verschiedene Fischarten.

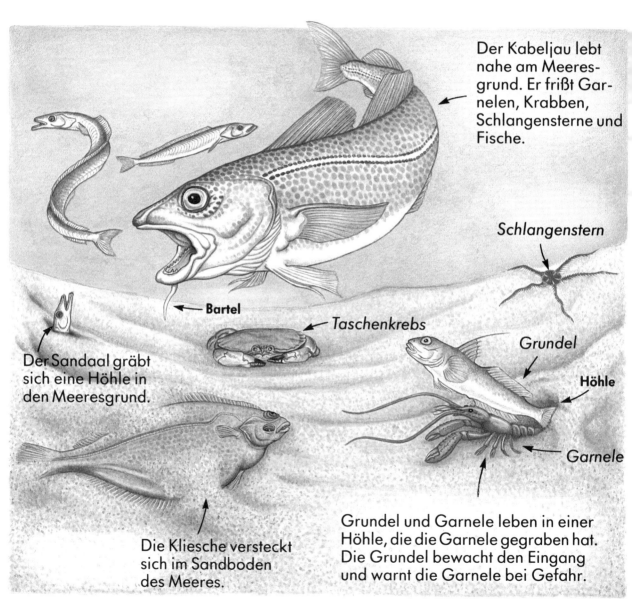

Der Kabeljau lebt nahe am Meeresgrund. Er frißt Garnelen, Krabben, Schlangensterne und Fische.

*Schlangenstern*

**Bartel**

*Taschenkrebs*

*Grundel*

**Höhle**

*Garnele*

Der Sandaal gräbt sich eine Höhle in den Meeresgrund.

Die Kliesche versteckt sich im Sandboden des Meeres.

Grundel und Garnele leben in einer Höhle, die die Garnele gegraben hat. Die Grundel bewacht den Eingang und warnt die Garnele bei Gefahr.

Korallenriffe sind ein günstiger Lebensraum für Fische. Sie finden dort reichlich Nahrung und überall Versteckmöglichkeiten. Einige Fische ernähren sich von den Korallen, andere suchen Schutz darin.

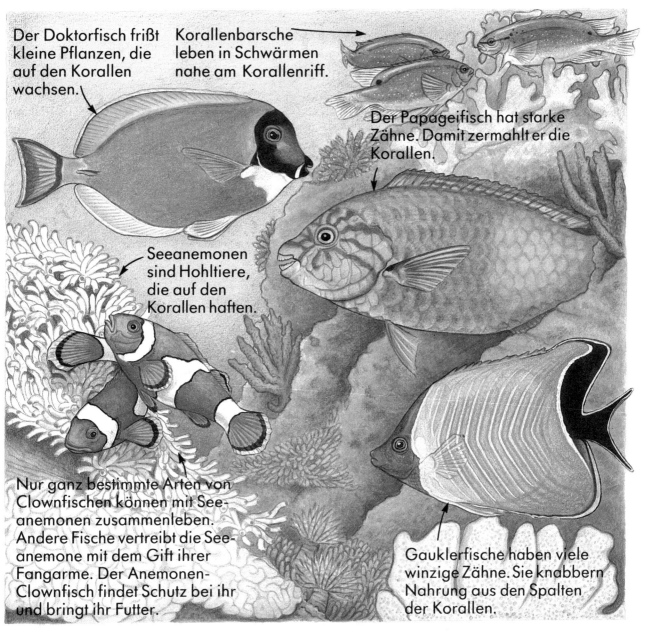

Der Doktorfisch frißt kleine Pflanzen, die auf den Korallen wachsen.

Korallenbarsche leben in Schwärmen nahe am Korallenriff.

Der Papageifisch hat starke Zähne. Damit zermahlt er die Korallen.

Seeanemonen sind Hohltiere, die auf den Korallen haften.

Nur ganz bestimmte Arten von Clownfischen können mit Seeanemonen zusammenleben. Andere Fische vertreibt die Seeanemone mit dem Gift ihrer Fangarme. Der Anemonen-Clownfisch findet Schutz bei ihr und bringt ihr Futter.

Gauklerfische haben viele winzige Zähne. Sie knabbern Nahrung aus den Spalten der Korallen.

# Fische in der Tiefsee

Die Tiefsee ist ein finsterer und kalter Lebensraum. Dort leben keine Pflanzen und nur wenige Tiere. Die Fische der Tiefsee müssen versuchen, alles zu erbeuten, was als Nahrung für sie in Frage kommt.

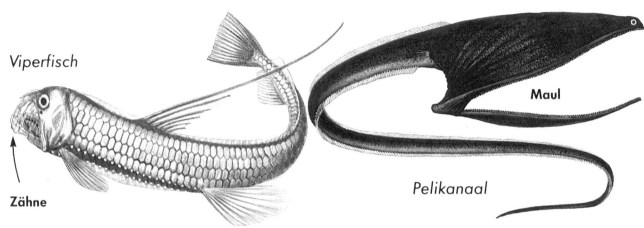

Einige Fische, wie dieser Viperfisch, fangen ihre Beute mit riesigen Zähnen.

Andere Fische haben ein Maul, das größer ist als der ganze Körper.

Viele Fische fressen kleine Tiere, die auf dem Grund der Tiefsee leben.

Der Tiefsee-Fühlerfisch stützt sich auf seine langen Flossen. Mit den langen Strahlen dieser Flossen tastet er im Schlamm nach Nahrung.

Diese beiden Fische schwimmen mit dem Kopf am Boden. Sie suchen Schlangensterne und kleine Garnelen, die sich am Meeresgrund verstecken.

Die meisten Tiefseefische sind schwarz gefärbt. Einige haben besondere Organe, mit denen sie Licht erzeugen können. Wenn diese Fische ihr Licht „abschalten", sind sie in der Dunkelheit der Tiefsee nicht mehr zu sehen.

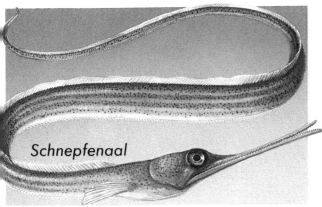

*Schnepfenaal*

Dieser Fisch hat große Augen. Damit kann er auch bei ganz wenig Licht noch sehen. Seine Nahrung sind kleine Krebstiere.

Die Laternenfische bleiben im Schwarm beisammen, indem sie mit ihren Lichtern blinken.

Der Tiefsee-Drachenfisch hat neben jedem Auge ein rotes und ein grünes Licht. Mit diesen Lichtern sucht er wie mit einer Taschenlampe nach Nahrung.

Dieser Laternenangler hat Lichter an seinen „Angelruten". Er schnappt andere Fische, die sich von den Lichtern anlocken lassen.

# Bilderrätsel

Jeder Fisch, der auf dieser Seite abgebildet ist, hat den Schwanz eines anderen Fisches. Kannst du feststellen, welcher Schwanz zu welchem Fisch gehört? Kennst du die Namen der Fische? Du findest sie alle auf den vorigen Seiten. Die Lösung steht auf dieser Seite unten.

**Lösung:**

1 Makrele (richtiger Schwanz: f); 2 Hai (i); 3 Seepferdchen (h); 4 Clownfisch (a); 5 Aal (e); 6 Schmetterlingsfisch (c); 7 Tiefsee-Fühlerfisch (d); 8 Neunauge (b); 9 Niger-Prachtkärpfling (i); 10 Pelikanaal (g).

# Bäume

## Spiele in diesem Teil

### Jagd auf den Rüsselkäfer!

Rüsselkäfer leben auf Bäumen. Findest du die 10 Rüsselkäfer, die auf den folgenden 23 Seiten versteckt sind?

**Daumenkino: So öffnet sich eine Blattknospe**

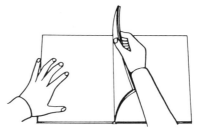

*Halte die Seiten 195 bis 216 so, wie es hier gezeigt ist.*

Blättere die Seiten schnell durch und achte dabei auf die rechte obere Ecke.

*Hier oben siehst du, wie sich die Blattknospe entfaltet.*

# Erstaunliche Tatsachen über Bäume

Bäume gehören zu den größten Pflanzen auf der Erde. Sie können auch älter werden als alle anderen Lebewesen.

An einem warmen Frühlingstag nimmt ein großer Baum wie dieser über 1000 Liter Wasser aus dem Erdreich auf – etwa fünf Badewannen voll!

Etwa ein Drittel der Erdoberfläche ist von Wäldern bedeckt.

Manchmal reichen die Wurzeln eines Baumes weiter als die Äste.

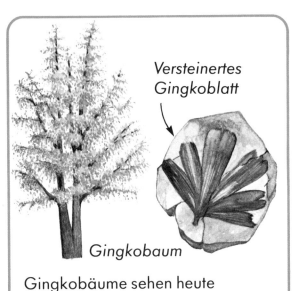

*Versteinertes Gingkoblatt*

*Gingkobaum*

Gingkobäume sehen heute noch fast genauso aus wie vor 200 Millionen Jahren.

*Grannenkiefer*

Dieser Baum ist etwa 4900 Jahre alt. Er steht an der Westküste von Nordamerika.

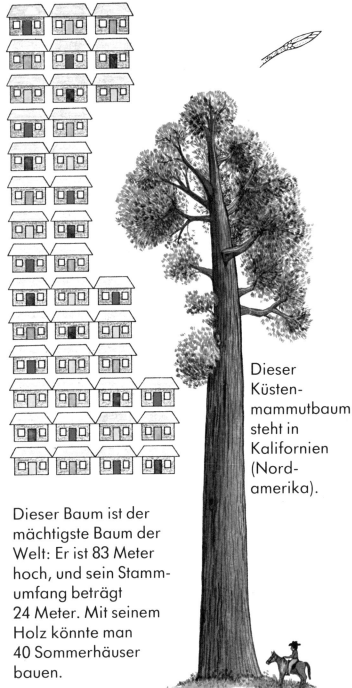

Dieser Küstenmammutbaum steht in Kalifornien (Nordamerika).

Dieser Baum ist der mächtigste Baum der Welt: Er ist 83 Meter hoch, und sein Stammumfang beträgt 24 Meter. Mit seinem Holz könnte man 40 Sommerhäuser bauen.

195

# Überall wachsen Bäume

Dieses Bild zeigt verschiedene Standorte von Bäumen. Manche Bäume wachsen wild, andere werden vom Menschen angepflanzt.

An diesem Abhang sind die Bäume stark dem Wind ausgesetzt.

Im Wald wachsen die Bäume dicht nebeneinander. Sie haben schlanke Stämme und unten wenig Äste.

Manchmal pflanzt man Bäume, um Häuser vor Frost und Wind zu schützen.

Ein alleinstehender Baum hat weit abstehende Äste.

Einige Bäume gedeihen nur am Wasser.

# Wie wachsen Wurzeln?

Eiche

Wurzeln nützen dem Baum auf vielfältige Weise: Sie nehmen Wasser und Mineralstoffe aus der Erde auf. Der Baum braucht diese zum Wachsen. Die Wurzeln verankern den Baum und halten das Erdreich zusammen. An steilen Hängen verhindern sie, daß die Erde vom Regen weggewaschen wird.

Diese Wurzeln sind sehr kräftig und verholzt. Sie halten den Baum im Boden fest. So verhindern sie, daß er umstürzt.

Regenwurm

Engerlinge fressen junge Wurzeln an.

Jedes Jahr werden die Wurzeln etwas dicker.

Die starke Pfahlwurzel dieses Baumes wächst tief in den Boden. Andere Bäume können mehrere gleich starke Wurzeln haben.

Die Wurzeln müssen um Steine herumwachsen.

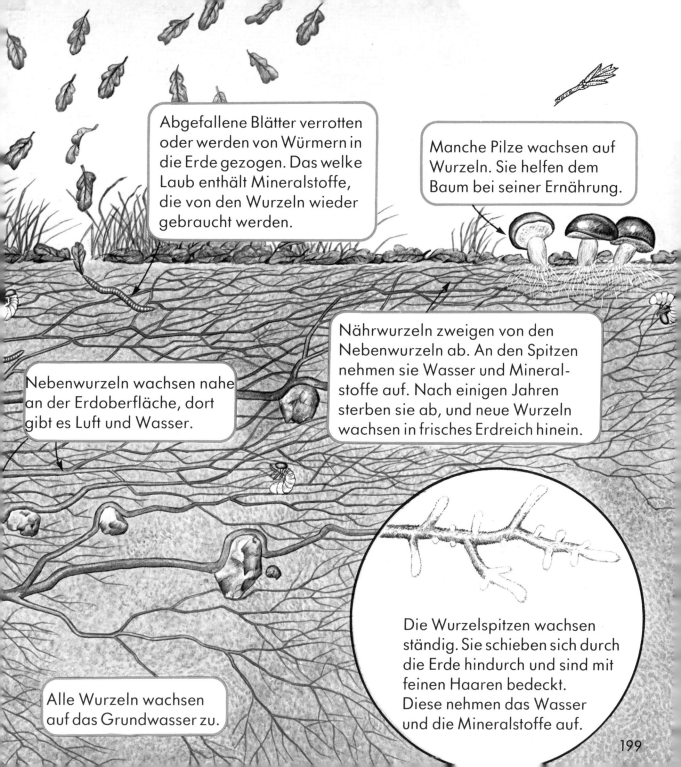

Abgefallene Blätter verrotten oder werden von Würmern in die Erde gezogen. Das welke Laub enthält Mineralstoffe, die von den Wurzeln wieder gebraucht werden.

Manche Pilze wachsen auf Wurzeln. Sie helfen dem Baum bei seiner Ernährung.

Nährwurzeln zweigen von den Nebenwurzeln ab. An den Spitzen nehmen sie Wasser und Mineralstoffe auf. Nach einigen Jahren sterben sie ab, und neue Wurzeln wachsen in frisches Erdreich hinein.

Nebenwurzeln wachsen nahe an der Erdoberfläche, dort gibt es Luft und Wasser.

Die Wurzelspitzen wachsen ständig. Sie schieben sich durch die Erde hindurch und sind mit feinen Haaren bedeckt. Diese nehmen das Wasser und die Mineralstoffe auf.

Alle Wurzeln wachsen auf das Grundwasser zu.

199

# Wie wächst ein Zweig?

So wächst ein Buchenzweig im Laufe des Jahres.

Die Knospe an der Spitze ist mit schützenden Schuppenblättchen bedeckt. Darunter befinden sich der frische Stiel und die Blätter.

*Nebenknospen*

**1 Winter**

Aus den Neben-knospen werden die Seitenzweige.

Der neue Stiel wächst, und die Blätter entfalten sich. Die Schuppenblättchen werden beiseitegeschoben.

Die neuen Blätter sind weich und hell.

**2 Frühling**

**3 Sommer**

Im Sommer sind die Stiele dann steif und die Blätter dunkelgrün und glänzend.

Wenn der Zweig aufhört zu wachsen, entsteht an der Spitze eine neue Knospe. Daraus entwickelt sich im nächsten Frühjahr ein neuer Sproß.

Bevor die Blätter abfallen, werden sie braun.

Gegen Ende des Sommers entwickelt sich direkt über jedem Blattstiel eine neue Knospe. Im nächsten Jahr wird aus dieser Knospe ein neuer Seitensproß.

Hier war die Spitzenknospe im Winter. Die Schuppenblättchen haben einen Kranz von Blattnarben hinterlassen. Zählt man die Narbenkränze an einem Ast, dann kann man sein Alter bestimmen. Dieser Ast ist zwei Jahre alt.

**4 Herbst**

# Was geschieht unter der Rinde?

So sieht das Innere eines gesunden Baumstammes aus.

Der größte Teil des Stammes ist Splintholz. Es leitet Wasser und Mineralstoffe von den Wurzeln zu den Blättern.

Aus einer ganz dünnen Schicht unter der Rinde entsteht jedes Jahr ein neuer Ring Splintholz.

Das Kernholz in der Mitte besteht aus altem, abgestorbenem Splintholz. Es ist sehr hart und fest.

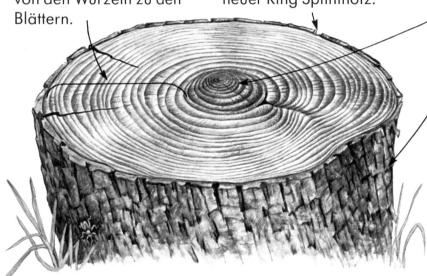

Die Rinde bewahrt den Stamm vor dem Austrocknen und schützt ihn vor Insekten und Krankheiten. Rinde kann sich nicht ausdehnen. Sie platzt oder schält sich, wenn das Holz im Inneren wächst. Darunter entsteht neue Rinde.

## So stirbt ein Baum.

Sporen

Pilzsporen gelangen aus der Luft in eine Baumwunde.

Der Pilz breitet sich im Inneren des Stammes aus. Das Kernholz fault.

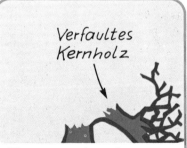

Verfaultes Kernholz

Ein vermodernder Baum kann leicht vom Sturm geknickt werden.

Wenn ein Baum abstirbt, lockert sich die Rinde.
Kleine Tiere und Pflanzen können unter die Rinde eindringen.
Viele von ihnen ernähren sich von faulendem Holz.

Baumschwämme ernähren sich vom faulenden Holz.

Wegschnecken fressen welke Blätter und Pilze. Bei Trockenheit verkriechen sie sich unter der Rinde.

*Bockkäfer*

*Orange-Becherling*

Hundertfüßer kommen nachts unter der Rinde hervor und jagen kleine Insekten.

Borkenkäfer und ihre Larven fressen lange Gänge unter der Rinde.

Asseln verstecken sich unter der Rinde. Auch sie ernähren sich vom faulenden Holz.

Tausendfüßer leben am Boden. Sie leben von welken Blättern.

# Bäume haben Blätter...

Laubbäume werfen ihre Blätter jeden Herbst ab. Die meisten Laubbäume haben weiche, glatte Blätter.

*Ebereschen-blatt*

*Eichenblatt*

Die Blattober-seite ist der Sonne zugewandt.

Adern versteifen das Blatt. Auch sie leiten Wasser und Nahrungsstoffe.

*Lindenblätter*

Die Blattunterseite ist mit Hunderten von winzigen Löchern übersät. Durch diese Spaltöffnungen „atmet" das Blatt und kann Wasserdampf hinaus-lassen.

Der Blattstiel ist biegsam, so daß das Blatt bei Wind nicht abbricht. Wasser und Nahrungsstoffe werden durch den Stiel befördert.

*Linde*

*Bergahorn-blatt*

*Zitterpappel-blatt*

*Roßkastan-blatt*

204

# ...oder Nadeln

Nadelbäume behalten ihre Nadeln auch im Winter.
Die meisten Nadelhölzer haben zähe, wächserne Nadeln.

Die Blatt-
adern ver-
laufen alle
parallel.

Kiefern haben lange und schmale
Nadeln. Sie überstehen den Winter,
denn ihre wächserne Haut
schützt sie vor dem
Austrocknen.

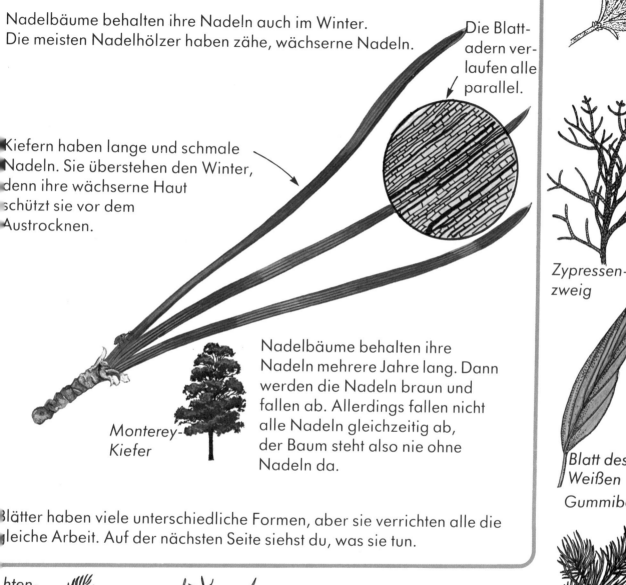

Zypressen-
zweig

Monterey-
Kiefer

Nadelbäume behalten ihre
Nadeln mehrere Jahre lang. Dann
werden die Nadeln braun und
fallen ab. Allerdings fallen nicht
alle Nadeln gleichzeitig ab,
der Baum steht also nie ohne
Nadeln da.

Blatt des
Weißen
Gummibaums

Blätter haben viele unterschiedliche Formen, aber sie verrichten alle die
gleiche Arbeit. Auf der nächsten Seite siehst du, was sie tun.

hten-
oß

Korkeichen-
blatt

Kiefern-
zweig

Wacholder-
zweig

# Wozu haben Bäume Blätter?

Ein Baum atmet und ernährt sich mit Hilfe seiner Blätter. Auf dieser Seite erfährst du, wie das vor sich geht. Lies die Texte in der Reihenfolge der Nummern.

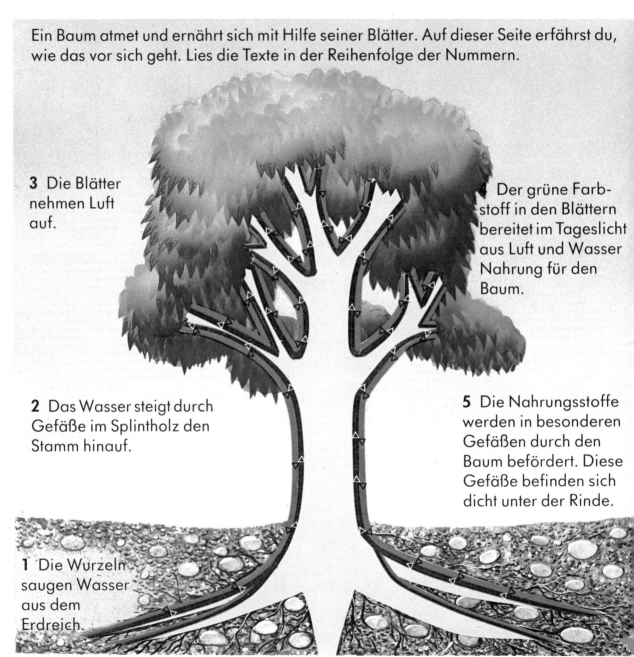

**3** Die Blätter nehmen Luft auf.

**4** Der grüne Farbstoff in den Blättern bereitet im Tageslicht aus Luft und Wasser Nahrung für den Baum.

**2** Das Wasser steigt durch Gefäße im Splintholz den Stamm hinauf.

**5** Die Nahrungsstoffe werden in besonderen Gefäßen durch den Baum befördert. Diese Gefäße befinden sich dicht unter der Rinde.

**1** Die Wurzeln saugen Wasser aus dem Erdreich.

# Warum verlieren Laubbäume ihre Blätter?

Silber-
ahorn

Korkartige
Schicht

**1** Im Herbst ist es für die Blätter nicht warm genug: Sie können nicht genügend Nahrung zubereiten. Auch würden Wind und Kälte den weichen Blättern schaden.

**2** Durch die Ansatzstelle des Blattstiels wächst eine korkartige Schicht. Sie unterbricht die Wasserzufuhr vom Ast zum Blatt. Das Blatt wird fahl.

Die neue Blattknospe wächst aus der Narbe des alten Blattes.

**3** Das Blatt trocknet aus und stirbt ab. Der Wind bläst es vom Baum.

**4** Schließlich fallen alle Blätter ab. Der Baum ruht sich bis zum Frühjahr aus.

# Alle Bäume blühen

Die Blüten aller Bäume haben einen Stempel mit Samenanlagen und Staubgefäße, die Blütenstaub (Pollen) enthalten. Wenn Blütenstaub auf die Narbe (das ist die Spitze des Stempels) gelangt, wächst er zu den Samenanlagen hinunter und vereint sich mit ihnen. Das ist die Befruchtung. Aus befruchteten Samenanlagen werden Samen.

**1** Die Blüten locken mit ihrem Duft und durch Form und Farbe ihrer Blätter Insekten an. Die Insekten ernähren sich vom Nektar, einer süßen Flüssigkeit im Inneren der Blüte.

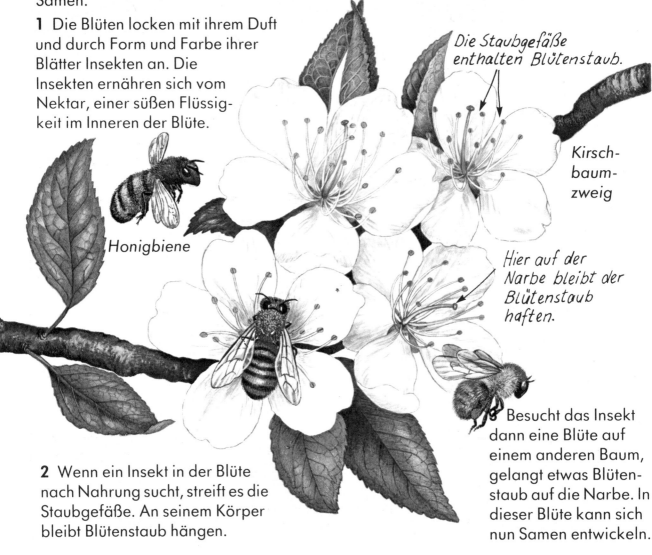

Die Staubgefäße enthalten Blütenstaub.

Kirschbaumzweig

Honigbiene

Hier auf der Narbe bleibt der Blütenstaub haften.

**2** Wenn ein Insekt in der Blüte nach Nahrung sucht, streift es die Staubgefäße. An seinem Körper bleibt Blütenstaub hängen.

**3** Besucht das Insekt dann eine Blüte auf einem anderen Baum, gelangt etwas Blütenstaub auf die Narbe. In dieser Blüte kann sich nun Samen entwickeln.

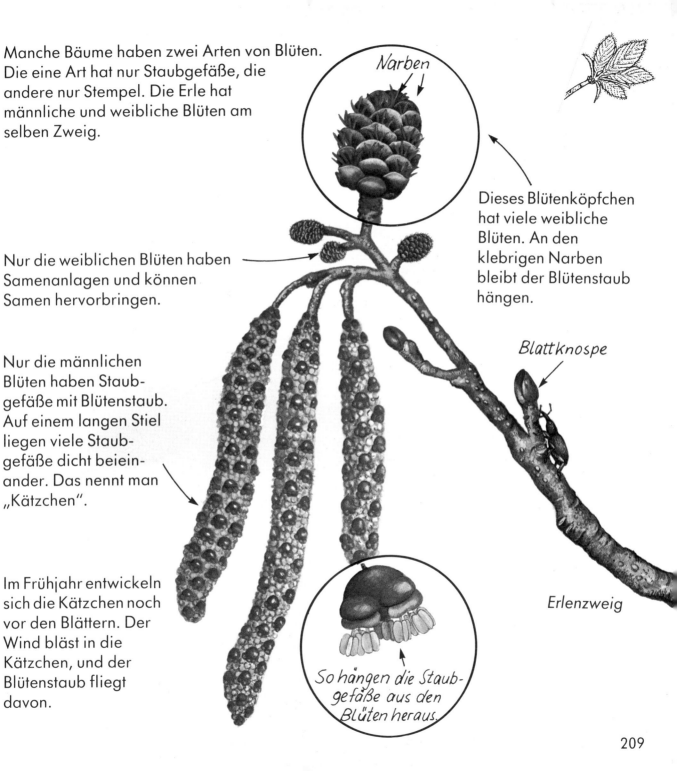

Manche Bäume haben zwei Arten von Blüten. Die eine Art hat nur Staubgefäße, die andere nur Stempel. Die Erle hat männliche und weibliche Blüten am selben Zweig.

*Narben*

Nur die weiblichen Blüten haben Samenanlagen und können Samen hervorbringen.

Dieses Blütenköpfchen hat viele weibliche Blüten. An den klebrigen Narben bleibt der Blütenstaub hängen.

Nur die männlichen Blüten haben Staubgefäße mit Blütenstaub. Auf einem langen Stiel liegen viele Staubgefäße dicht beieinander. Das nennt man „Kätzchen".

*Blattknospe*

Im Frühjahr entwickeln sich die Kätzchen noch vor den Blättern. Der Wind bläst in die Kätzchen, und der Blütenstaub fliegt davon.

*So hängen die Staubgefäße aus den Blüten heraus.*

*Erlenzweig*

209

Zapfen der
Sitkafichte

Linden-
früchte

Fruchtstand
der Platane

# Baumfrüchte und Samen

Aus den befruchteten Samenanlagen werden Samen. Die Früchte wachsen darum herum und schützen sie.

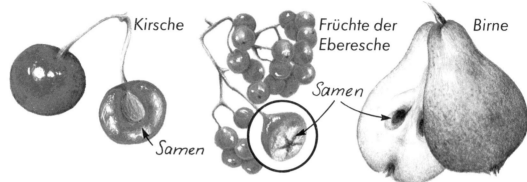

Kirsche

Früchte der
Eberesche

Birne

Samen

Samen

Diese Früchte sind weich und saftig. Sie werden von Vögeln und anderen Tieren gefressen. Manche Früchte haben nur einen Samen im Inneren, andere haben mehrere Samen.

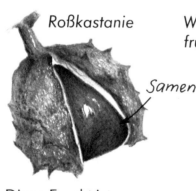

Roßkastanie

Samen

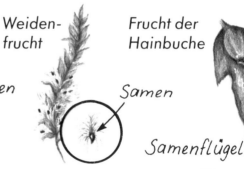

Weiden-
frucht

Frucht der
Hainbuche

Der Samen
steckt in
dieser Nuß.

Samen

Samenflügel

Diese Frucht ist
stachelig. Sie schützt
den Samen im Inneren.

Diese Frucht besteht
aus vielen Samen mit
federigen Spitzen.

Diese Frucht ist hart
und trocken. Sie hat
einen geflügelten
Samen.

Birken-
kätzchen

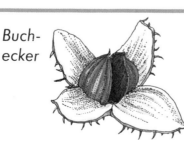

Buch-
ecker

Haselnuß

Viele Nadelbäume haben Früchte, die man „Zapfen" nennt. Sie entstehen aus den Blüten, die an den Spitzen neuer Sprosse wachsen. Manchmal dauert das zwei Jahre.

Kiefernblüten bestehen aus weichen Schuppen. Jede Schuppe trägt zwei Samenanlagen. Wenn die Samenanlagen mit Blütenstaub befruchtet werden, entwickeln sie sich zu Samen. Die Schuppen schließen sich, damit der Samen geschützt ist.

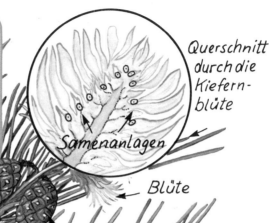

Querschnitt durch die Kiefernblüte

Samenanlagen

Blüte

Holzzapfen

Dieser Zapfen ist ein Jahr alt. Die Samen im Inneren sind noch nicht reif. Die Schuppen sind geschlossen.

Dieser Zapfen ist zwei Jahre alt. Er ist groß und verholzt. An einem trockenen Tag öffnen sich die Schuppen, und die reifen Samen fallen heraus.

Kiefernzweig

← Samen

Eibenfrüchte

Wacholder-beere

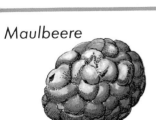

Maulbeere

Edelkastanie (Marone)

Samenhülsen der Robinie

211

# Wie Baumsamen verbreitet werden

Wenn der Samen in der Frucht reif geworden ist, kann er vom Wind oder von Tieren davongetragen werden. Unter der Mutterpflanze könnte die junge Pflanze nicht gut gedeihen, denn dort kommt zuwenig Licht hin.

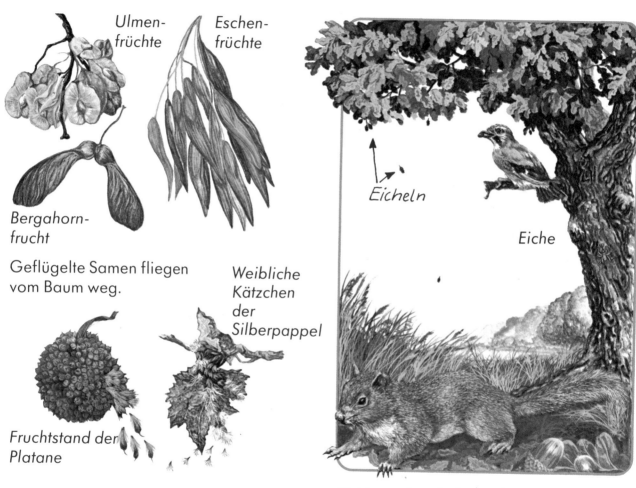

Ulmen-
früchte

Eschen-
früchte

Bergahorn-
frucht

Geflügelte Samen fliegen
vom Baum weg.

Weibliche
Kätzchen
der
Silberpappel

Fruchtstand der
Platane

Eicheln

Eiche

Manche Früchte sind sehr leicht. Da sie winzige Haare haben, werden sie vom Wind verweht.

Eichhörnchen holen sich Eicheln und vergraben sie. Einige Vögel fressen Eicheln, dabei verlieren sie manchmal welche. Daraus können neue Bäume entstehen.

Vögel holen sich Früchte und Samen von diesen Bäumen. Sie fressen das Fruchtfleisch und lassen die Samen fallen.

Wacholderdrossel

Stechpalme

Schlehe

Hartriegel

Holunder

Weißdorn

Seidenschwanz

Erlen-zapfen

Samen

Erlen wachsen am Wasser. Ihre Samen fallen ins Wasser und schwimmen davon. Manche werden vielleicht auf ein feuchtes Flußufer gespült. Aus einigen Samen werden neue Bäume.

# Ein Baum-Tagebuch

Hast du Lust, ein Baum-Tagebuch zu führen?
Achte darauf, wieviele Insekten auf den Blättern oder auf der Rinde leben.
Schau nach, ob noch andere Pflanzen darauf wachsen.
Versuche herauszufinden, welche Vögel den Baum besuchen.

Juni

Auf einem Blatt habe ich diesen Rüsselkäfer gefunden.

Als ich ihn berührte, zog er die Beine ein.

Juni

So sehen die Weidenkätzchen aus, die ich gefunden habe.

Raupe der Zimteule

Manche Raupen sind schlecht zu erkennen. Du mußt schon ganz genau hinschauen, um sie zu finden.

Libelle

Im Sommer rasten manchmal fliegende Insekten auf den Blättern.

**Weidenkätzchen**

Untersuche Weidenkätzchen im Frühjahr und im Sommer.

**Pappelschwärmer**

Manche Nachtfalter ruhen sich tagsüber auf dem Stamm aus.

Silberweide

**Blattkäfer**

Suche nach Käfern auf Blättern und Blüten.

Vögel bauen sich gern Nester auf Bäumen und suchen dort nach Samen oder Insekten.

**Rotes Ordensband**

Diese Tiere leben auf Weiden. Weiden wachsen oft auf feuchtem Boden.

# Bilderrätsel

Wir Menschen essen vieles, was auf Bäumen gewachsen ist. Und viele Gegenstände werden aus Holz hergestellt. Mindestens 20 Dinge auf diesem Bild stammen von Bäumen. Findest du sie alle?

# Blumen

## Spiele
## in diesem Teil

### Hummeln
### gesucht!

Hummeln besuchen Blumen.
Findest du die 20 Hummeln
die sich auf den folgenden
23 Seiten versteckt haben?

### Daumenkino: So öffnet sich eine Blüte

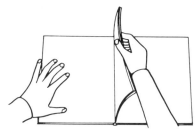

*Halte die
Seiten 219 bis
240 so, wie es
hier gezeigt
ist.*

Blättere die Seiten schnell durch und
achte dabei auf die rechte obere Ecke.

*Hier oben
siehst du,
wie sich die
Blüte öffnet.*

# Was alles zu einer Blüte gehört

Wenn du dir diese Hahnenfußblüte genau anschaust, siehst du, daß sie aus vielen verschiedenen Teilen besteht.

Kelch-
blatt

Blüten-
blatt

Kelch-
blatt

Offene Blüte

Eine Knospe ist eine junge Blüte, die von Kelchblättern eingehüllt ist. Die Kelchblätter schützen die Blütenteile im Inneren.

Wenn du die Hahnen-fußblüte von unten anschaust, siehst du fünf Kelchblätter.

Blütenblatt

Kelch-
blatt

Diese Blüte öffnet sich gerade.

Die Blütenblätter wachsen und schieben die Kelchblätter beiseite.

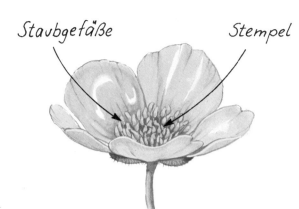

Staubgefäße — Stempel

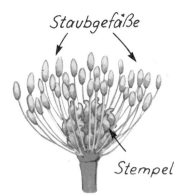

Staubgefäße — Stempel

Die grünen Teile in der Mitte der Blüte bilden den Stempel. Er ist umgeben von gelben Staubgefäßen.

Wenn du die Blütenblätter und die Kelchblätter abpflückst, siehst du alle Teile, die sich im Inneren der Blüte befinden.

Narben — Staubbeutel

Jeder einzelne Stempel hat eine klebrige Spitze, die Narbe.

Die Staubbeutel enthalten den gelben Blütenstaub, den Pollen.

In jedem Stempel befindet sich eine winzige Samenanlage. Daraus wird nach der Befruchtung der Samen.

Samenanlage

Staubfaden

# Blüten in vielen Farben und Formen

Blüten gibt es in vielen verschiedenen Formen, Farben und Größen. Du mußt jede Blüte genau anschauen, wenn du die einzelnen Teile unterscheiden willst.

*Ackerwinde*

Manche Blüten haben zusammen-gewachsene Blütenblätter.

*Glockenblume*

Manche Blüten haben unter-schiedlich große und verschieden-farbige Blüten-blätter.

*Veilchen*

*Lilie*

Manche Blüten haben sehr viele Staubgefäße.

*Zylinderputzer*

Manche Blüten haben glänzende Kelchblätter und leuchtend gefärbte Blütenblätter.

*Fuchsie*

*Nelke*

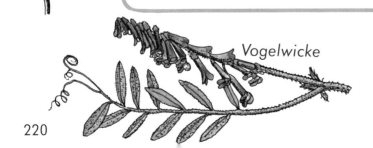

*Vogelwicke*

*Akelei*

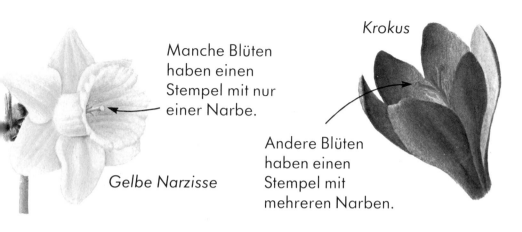

Manche Blüten haben einen Stempel mit nur einer Narbe.

*Gelbe Narzisse*

*Krokus*

Andere Blüten haben einen Stempel mit mehreren Narben.

## Eine Aster – viele Blüten!

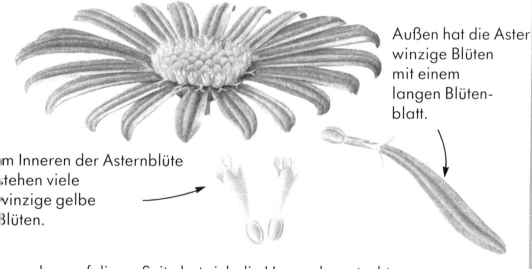

Außen hat die Aster winzige Blüten mit einem langen Blütenblatt.

Im Inneren der Asternblüte stehen viele winzige gelbe Blüten.

Irgendwo auf dieser Seite hat sich die Hummel versteckt.
Weißt du, warum sie Blüten besucht?
Die Antwort findest du auf der nächsten Seite.

*Löwenzahn*

*Dahlie*

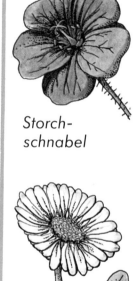

*Storch-schnabel*

*Gänse-blümchen*

# Besucher auf der Blüte

*Storchschnabel*

Blüten haben viele Besucher. Meistens sind es Insekten, zum Beispiel Bienen.
Die Hummel besucht Blüten, um dort eine süße Flüssigkeit, den Nektar, zu trinken.
Manchmal verzehren die Blütenbesucher auch etwas Blütenstaub.

*Gelbe Schwertlilie*

Die Besucher dieser Blüte
brauchen einen langen Rüssel,
um an den Nektar zu gelangen.

Manche Blüten haben
Leitlinien oder Punkte,
die den Weg zum
Nektar zeigen.

*Hier befindet
sich der
Nektar.*

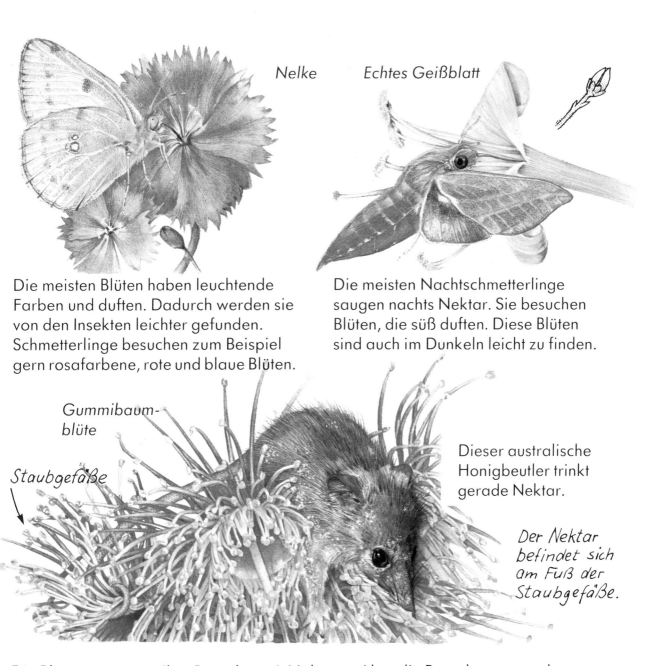

*Nelke*  *Echtes Geißblatt*

Die meisten Blüten haben leuchtende Farben und duften. Dadurch werden sie von den Insekten leichter gefunden. Schmetterlinge besuchen zum Beispiel gern rosafarbene, rote und blaue Blüten.

Die meisten Nachtschmetterlinge saugen nachts Nektar. Sie besuchen Blüten, die süß duften. Diese Blüten sind auch im Dunkeln leicht zu finden.

*Gummibaum-blüte*

*Staubgefäße*

Dieser australische Honigbeutler trinkt gerade Nektar.

*Der Nektar befindet sich am Fuß der Staubgefäße.*

Die Blüten versorgen ihre Besucher mit Nahrung. Aber die Besucher nützen den Blüten auch. Weißt du, was die Insekten für die Pflanzen tun?
Die Antwort findest du auf der nächsten Seite.

# Wozu Blüten Besucher brauchen

Die Blütenbesucher nützen den Pflanzen, weil sie Blütenstaub von Blüte zu Blüte tragen.

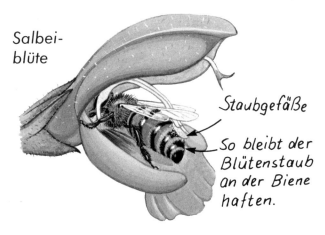

*Salbei-blüte*

*Staubgefäße*

*So bleibt der Blütenstaub an der Biene haften.*

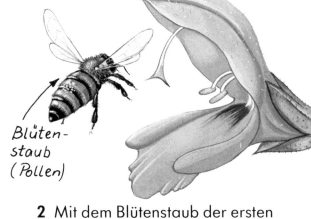

*Blüten-staub (Pollen)*

**1** Während die Biene aus einer Blüte Nektar saugt, bleibt Blütenstaub (Pollen) an ihrem haarigen Körper haften.

**2** Mit dem Blütenstaub der ersten Blüte auf dem Rücken fliegt sie zu einer anderen Salbeiblüte.

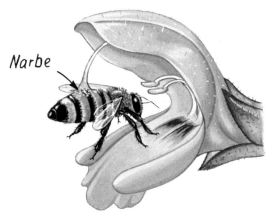

*Narbe*

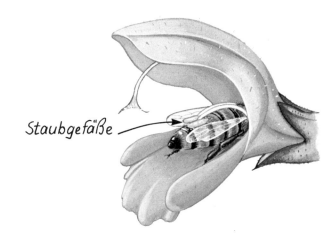

*Staubgefäße*

**3** Die Biene landet, um auch hier Nektar zu sammeln. Dabei streift sie den mitgebrachten Blütenstaub an der klebrigen Narbe ab.

**4** Wenn die Biene in die Blüte hineinschlüpft, bleibt neuer Blütenstaub an ihrem Rücken hängen.

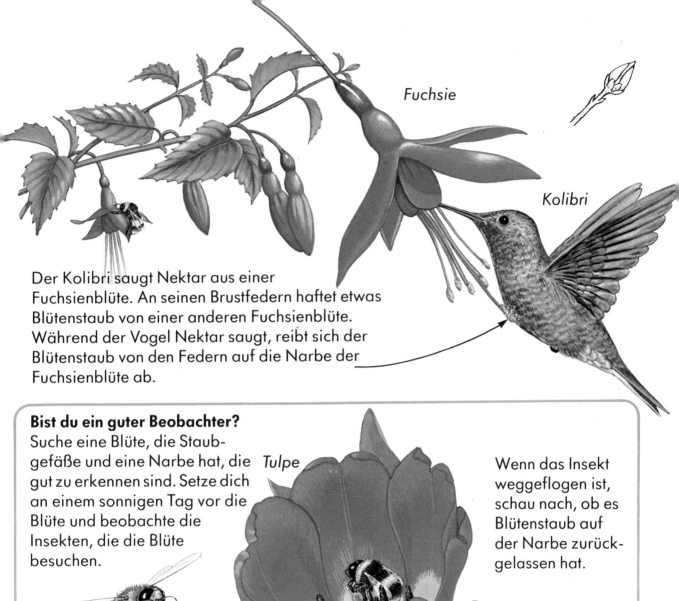

*Fuchsie*

*Kolibri*

Der Kolibri saugt Nektar aus einer
Fuchsienblüte. An seinen Brustfedern haftet etwas
Blütenstaub von einer anderen Fuchsienblüte.
Während der Vogel Nektar saugt, reibt sich der
Blütenstaub von den Federn auf die Narbe der
Fuchsienblüte ab.

**Bist du ein guter Beobachter?**
Suche eine Blüte, die Staubgefäße und eine Narbe hat, die
gut zu erkennen sind. Setze dich
an einem sonnigen Tag vor die
Blüte und beobachte die
Insekten, die die Blüte
besuchen.

*Tulpe*

Wenn das Insekt
weggeflogen ist,
schau nach, ob es
Blütenstaub auf
der Narbe zurück-
gelassen hat.

Bringt das anfliegende Insekt Blütenstaub an seinem Körper mit?

*Spitz-
wegerich-
blüten*

*Glatthafer
mit
Blüten*

# Wie der Wind den Pflanzen hilft

Die Blüten auf dieser Seite brauchen keine Besucher, die den Blütenstaub weitertragen: Der Wind bläst ihn von Blüte zu Blüte.

Diese Blüten duften nicht; sie haben auch keine farbigen Blütenblätter, um Besucher anzulocken.

Sie haben eine große Zahl von Staubgefäßen mit sehr viel Blütenstaub. Der Wind bläst ihn davon.

*Spitzwegerich*

Im Frühjahr kannst du beobachten, wie der Wind ganze Wolken von Blütenstaub von den Gräsern wegbläst. Ein großer Teil davon geht verloren, aber einige Pollenkörner bleiben an der Grasblüte hängen.

*Blüten der
Hainsimse*

*Roggenähre
mit Blüten*

226

Alle Bäume haben Blüten. Bei vielen Baumblüten bläst der Wind den Blütenstaub davon.

Der Walnußbaum hat zweierlei Blüten. Die eine Blütenart hat einen großen Stempel. Die andere besteht aus sehr vielen Staubgefäßen.

*Narben*

*Stempel*

*Staubgefäße*

*Weibliche Blüte*

**3** Wenn Blütenstaub zu einer weiblichen Blüte gelangt, bleibt er an den Narben hängen.

**1** Sehr viele männliche Blüten wachsen zusammen auf einem Stiel. Einen solchen Blütenstiel nennt man „Kätzchen".

**2** Der Wind bläst den Blütenstaub vom Kätzchen. Einige Körner davon landen vielleicht auf einer weiblichen Blüte.

*Weibliche Blüte*

*Haselnußblüten*

*Männliche Blüte*

*Weibliche Blüte*

*Männliche Blüte*

*Lärchenblüten*

227

# Was geschieht mit dem Blütenstaub?

**1** Auf der Narbe dieser Mohnblüte hat eine Biene Blütenstaub (Pollen) von einer anderen Mohnblüte hinterlassen.

**2** Aus jedem Pollenkorn wächst ein Schlauch durch das Innere des Stempels hinunter zu den Samenanlagen.

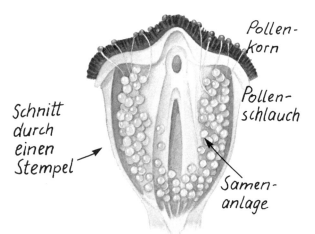

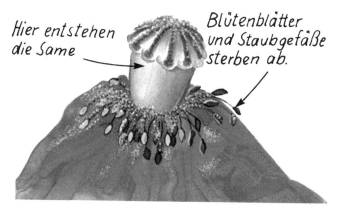

**3** Trifft ein solcher Pollenschlauch auf eine Samenanlage, dann quillt der Inhalt des Pollenkorns aus dem Schlauch heraus und vereinigt sich mit der Samenanlage.

**4** Die Samenanlagen im Stempel sind von Pollen befruchtet worden.
Aus den befruchteten Samenanlagen werden Mohnsamen.

Mohnblüten können nur befruchtet werden, wenn ein Insekt Blütenstaub von einer anderen Mohnblüte überträgt.

Eine Mohnblüte kann ihre Samenanlagen nicht mit dem eigenen Blütenstaub befruchten. Aus den eigenen Blüten wachsen nämlich keine Pollenschläuche in den Stempel hinunter.

Mohnpollen können ihre Pollenschläuche auch nicht in den Stempel einer anderen Pflanzenart hineinwachsen lassen.

# Können sich Blumen selbst bestäuben?

Bei vielen Blumen ist es wie beim Mohn: Sie können sich nicht mit dem eigenen Blütenstaub befruchten. Der Blütenstaub muß durch Blütenbesucher oder durch den Wind von einer anderen Blüte derselben Art herbeigebracht werden.

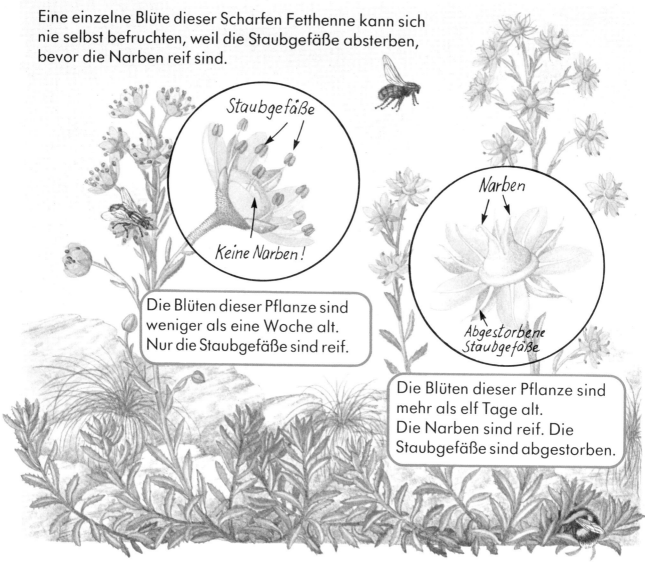

Eine einzelne Blüte dieser Scharfen Fetthenne kann sich nie selbst befruchten, weil die Staubgefäße absterben, bevor die Narben reif sind.

Staubgefäße

Keine Narben!

Die Blüten dieser Pflanze sind weniger als eine Woche alt. Nur die Staubgefäße sind reif.

Narben

Abgestorbene Staubgefäße

Die Blüten dieser Pflanze sind mehr als elf Tage alt. Die Narben sind reif. Die Staubgefäße sind abgestorben.

Nur männliche Langhornbienen tragen den Blütenstaub dieser Bienen-Ragwurz weiter. Wenn aber keine Langhornbienen zur Bestäubung kommen, befruchtet sie sich mit dem eigenen Blütenstaub.

*Zwei Staub- beutel*

**1** Diese Bienen-Ragwurz-Blüte sieht dem Weibchen der Langhornbiene sehr ähnlich und duftet auch so. Deshalb lockt die Blüte männliche Langhornbienen an.

**2** Landet eine männliche Biene auf der Blüte, dann bleiben die beiden Staub-beutel am Kopf der Biene hängen.

**3** Dies ist eine andere Lang-hornbiene. Sie hat Blüten-staub von einer anderen Bienen-Ragwurz am Kopf.

*Hier ist die Narbe.*

**4** Wenn die Biene auf der Blüte landet, bleibt der Blütenstaub an der Narbe hängen, und die Blüte wird befruchtet.

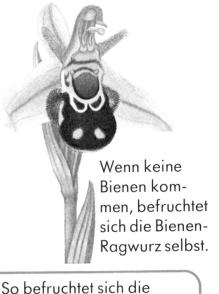

Wenn keine Bienen kom-men, befruchtet sich die Bienen-Ragwurz selbst.

So befruchtet sich die Bienen-Ragwurz selbst.

Die Staub-gefäße beugen sich nach vorn.

Die Staubbeutel berühren die Narbe.

231

# Wie Blumensamen verbreitet werden

**1** Die Samenanlagen in diesem Stempel der Mohnblüte sind befruchtet worden. Nun werden Samen daraus.

**2** Der Stempel schwillt an. Er ist jetzt eine Fruchtkapsel und umschließt die Samen im Inneren.

**3** Durch kleine Öffnungen im oberen Teil der Fruchtkapsel können die Samen herausfallen.

## Blick in eine Bohne

Das ist eine Feuerbohne. Sie hat eine dicke Haut zum Schutz der inneren Teile.

Du kannst die Bohne in zwei Hälften spalten. So sieht sie von innen aus.

Aus diesem winzigen Sproß entsteht eine neue Bohnenpflanze.

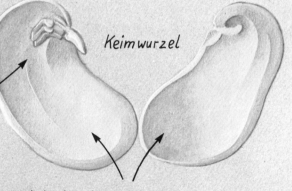

*Keimwurzel*

Dies sind die beiden Keimblätter. Sie enthalten die Nahrung, die der Sproß zum Wachsen braucht.

Wenn die Samen in den Früchten reif sind, werden sie vom Wind oder von Tieren davongetragen.

Vögel lassen beim Fressen Samen fallen.

Die geflügelten Samen des Ahorns wirbeln zu Boden.

Manchmal vergraben Tiere ihren Früchtevorrat. Samen, die nicht verzehrt werden, können aufgehen.

Die Storchschnabelfrucht platzt auf, die Samen fliegen heraus.

Löwenzahnfrüchte bläst der Wind davon.

Hahnenfußfrüchte bleiben oft am Fell von Tieren hängen.

Pflanzen bilden große Mengen von Samen. Aber nur aus wenigen entstehen neue Pflanzen, denn viele Samen werden gefressen oder sterben ab.

# Vom Samen zur Pflanze

## 1 Herbst
Ein Vogel läßt aus Versehen einen Sonnenblumenkern fallen.

## 2 Winter
Der Samen fällt auf den Boden und wird zugedeckt.

## 3 Frühjahr
Durch den Regen quillt der Samen auf. Die Wurzel wächst ins Erdreich hinunter.

## 6 Spätes Frühjahr
Die Sonnenblume entwickelt eine Blütenknospe. Die Pflanze ist nun schon größer als ein Mensch.

Blüten-knospe

## 7 Sommer
Die Knospen öffnen sich.

Kapuziner-kresse

Erbse

Eicheln

Bergahornfrüchte

## 4 Frühjahr

Der Sproß wächst auf das Sonnenlicht zu.

*Keim-blätter*

## 5 Frühjahr

Die junge Pflanze ver-braucht die Nahrung aus den Keim-blättern zum Wachsen.

Die richtigen Blätter sprießen. Sie können nun selbst Nahrung herstellen.

Die Wurzel nimmt Wasser und Mineralstoffe aus dem Boden auf.

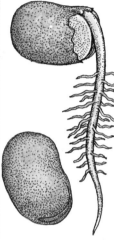

*Ackerbohnen*

...ienen bringen Blüten-...taub von anderen ...onnenblumen.

## 8 Herbst

Die Blüten sind befruchtet worden.

Ein Vogel frißt die Samen.

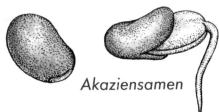

*Akaziensamen*

*Samen der Platterbse*

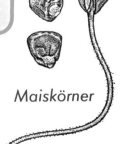

*Maiskörner*

# Wie Blüten und Insekten zusammenarbeiten

Blüten haben am meisten Nektar und duften am stärksten, wenn Stempel oder Staubgefäße reif sind. Dann müssen sie Insekten zur Bestäubung anlocken.

Diese Kirschblüten besuchen die Bienen am Morgen. Dann haben die Blüten am meisten Nektar.

Junge Geißblattblüten öffnen sich abends. Sie werden dann von Nachtfaltern besucht.

Die Blüten duften abends sehr stark, tagsüber dagegen nur wenig.

Diese Apfelblüten besuchen die Bienen am Nachmittag. Dann haben die Blüten am meisten Nektar.

Bei vielen Pflanzen dauert es mehrere Wochen, bis alle Blüten offen sind. Tag für Tag kommen Bienen zu diesen Pflanzen, bis sich alle Blüten geöffnet haben.

Beim Wald-Weidenröschen dauert es etwa einen Monat, bis sich alle Blüten geöffnet haben. Die ersten Blüten öffnen sich unten am Stengel, die letzten Blüten an der Spitze.

*Wald-Weidenröschen*

Bei der Roßkastanie öffnen sich jeden Tag neue Blüten. Sie haben sehr viel Nektar. Gelbe Leitlinien weisen den Weg zum Nektar.

*Junge Leit-linien*

*Alte Leit-linien*

Wenn es keinen Nektar mehr gibt, färben sich die Leitlinien rot. Bienen besuchen keine „alten" Blüten mit roten Linien.

Je älter die Blüte wird, desto mehr Nektar bildet sie. Bienen besuchen immer zuerst die älteren Blüten des Wald-Weiden-röschens.

237

# Wie wird der Blütenstaub geschützt?

Bei den meisten Blüten ist der Blütenstaub sicher und trocken aufbewahrt. Kälte, Regen und Tau könnten dem Blütenstaub schaden oder ihn wegspülen.

Sind die Blüten geschlossen, dann ist der Blütenstaub geschützt.

*Küchen-schelle*

*Krokusse*

Bei geschlossenen Blüten können Regen und Tau nicht ins Innere eindringen.

*Margeriten*

*Gänseblümchen*

Diese Blumen blühen zeitig im Frühjahr. Die Blüten öffnen sich nur, wenn es warm und sonnig ist. Wenn die Sonne hinter den Wolken verschwindet, schließen sich die Blütenblätter.

Diese Blüten schließen sich am Abend und bei schlechtem Wetter. Wenn sie mehrere Tage geschlossen bleiben müssen, befruchten sie sich selbst.

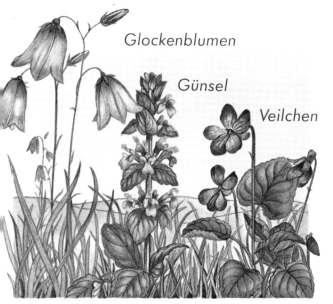

Glockenblumen

Günsel

Veilchen

Diese Blüten brauchen ihre Blütenblätter nicht zu schließen, um den Blütenstaub zu schützen. Im Inneren der Blüte kann sich kein Wasser ansammeln.

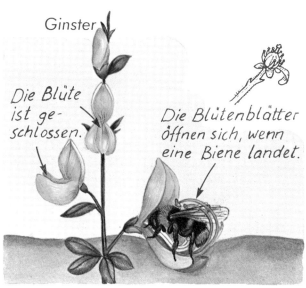

Ginster

Die Blüte ist ge-schlossen.

Die Blütenblätter öffnen sich, wenn eine Biene landet.

Staubgefäße und Stempel der Ginsterblüte werden von den Blütenblättern geschützt. Sie springen auf, wenn eine Biene auf den unteren Blütenblättern landet.

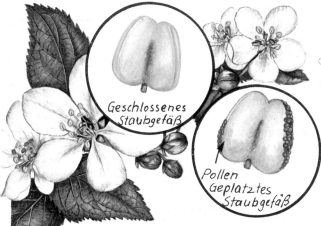

Geschlossenes Staubgefäß

Pollen
Geplatztes Staubgefäß

Reife Staubgefäße von Apfelblüten platzen, um den Blütenstaub hinauszulassen. Die Staubgefäße platzen aber nur an warmen Tagen.

Nachtschmetterling

Junge Blüten der Pechnelke gehen abends auf. Sie werden von Nachtschmetterlingen besucht. Wenn die Abende jedoch sehr kalt sind, öffnen sich die jungen Blüten nicht.

# Bilderrätsel

Auf dieser Seite sind neun Blüten und neun Früchte abgebildet. Welche Blüte gehört zu welcher Frucht? Die meisten von ihnen kommen in diesem Buch vor.

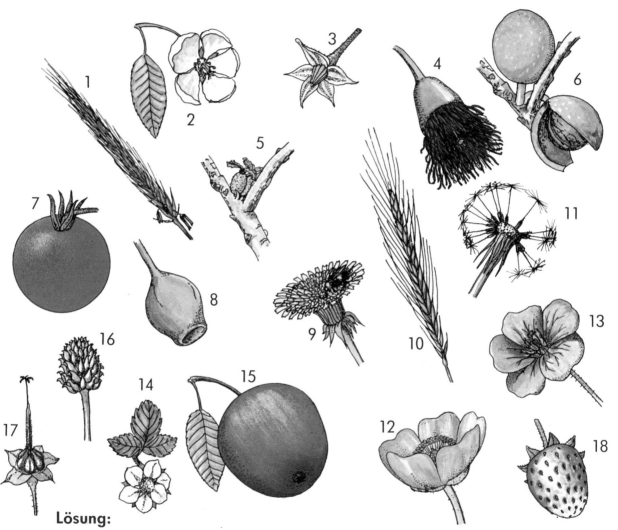

**Lösung:**

1 und 10 Roggen; 2 und 15 Apfel; 3 und 7 Tomate; 4 und 8 Roter Gummibaum; 5 und 6 Walnuß; 9 und 11 Löwenzahn; 12 und 16 Hahnenfuß; 13 und 17 Storchschnabel; 14 und 18 Erdbeere.

# Register